おりたたみ自転車と旅しています

星井さえこ

ジャンボ
阪神ゆき フェリー
ガァァ
——ただ今 当船は高松《たかまつ》東港に 着岸いたしました
お忘れものの ございませんよう——
香川・高松
ガシャン
フゥ…
Prologue
冬の朝のうどん店

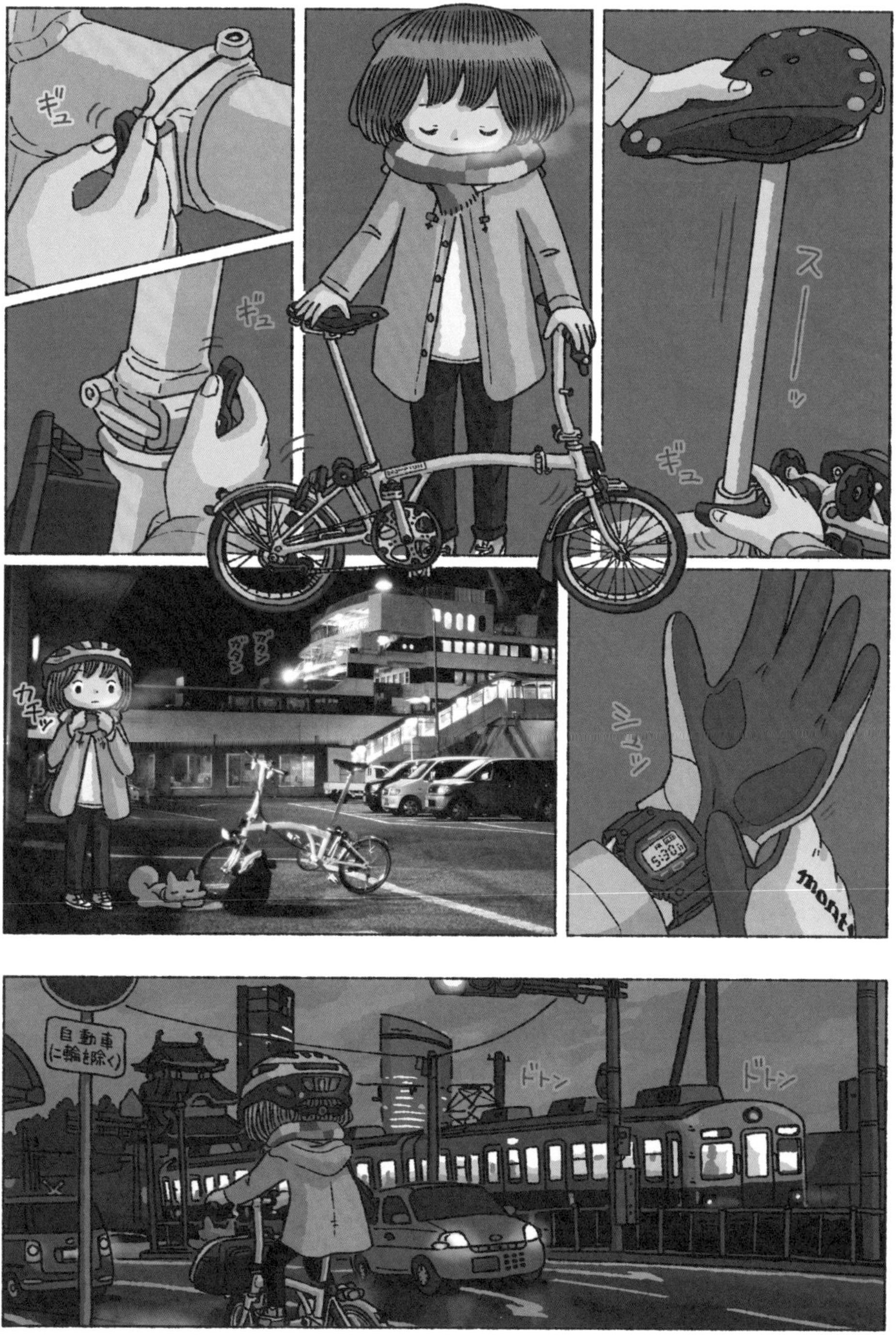
スーーッ
ギュ
ギュ
ギュ
シュッ
5:30
カチッ
ガタン
ガタン
自動車
(二輪を除く)
ドトン
ドトン

グツ
グツ
はい
1玉
お待ち！
チャッ
チャ
チャー

ズズ
ズズ
温かけ3玉
あいよー
かけ
冷やしうどん
湯だめ
ざる
しっぽくうどんそば
カチャ
グツグツ
カチャ
ズーー
カチャ
ズズズ

中西うどん
チュン
チュン
新幹線とフェリーを乗り継いで…？
これおりたたみ自転車なんです

こうやって小さく
おりたたんで
BROMPTON
袋に入れて
旅の先で
サイクリング
しているんです

こりゃあ
面白そう
だなあ
有限会社
ブオオオ
すこし
足を延ばして
みよう
私は今――
カシャン

おりたたみ自転車と
旅しています
ピー
ヒョロロー
つづく

もくじ

CONTENTS

自己紹介

さえこ
旅が好きな会社員。
社会人4年目。
ポタ
おりたたみ
自転車の妖精。
Tama New Town,
Tokyo
p35
Nishi-Ogikubo,
Tokyo
p19

sense of smell

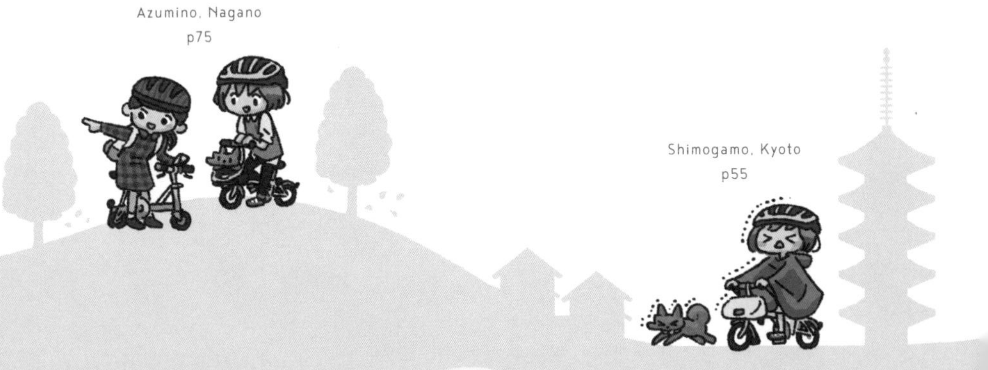
Azumino, Nagano
p75
Shimogamo, Kyoto
p55

sense of sight

Yabakei,
Oita
p113
Shimotsui,
Okayama
p93

Hida Ichinomiya,
Gifu
p187
Mt.Norikura,
Nagano and Gifu
p145

sense of taste

参考文献

『多摩ニュータウン橋梁景観事例集』都市基盤整備公団 東京支社多摩ニュータウン事業本部(2001/03)、『パルテノン多摩収蔵写真資料集 空から街を見る』公益財団法人多摩市文化振興財団(2014/01)、『TAMA NEW TOWN SINCE 1965』独立行政法人都市再生機構 東日本支社 多摩事業本部(2006/02)、『RM LIBRARY 247 下津井電鉄-瀬戸大橋開通後に姿を消したナローゲージ鉄道-(上・下)』寺田裕一(2020/2021)ネコ・パブリッシング、『昭和39年版 復刻版地図帳 新詳高等地図』帝国書院編集部(2020)帝国書院

STAFF

デザイン APRON(植草可純、前田歩来)
MAP 荒木久美子
校閲 ぴいた
許諾確認 油井康子
編集 篠原賢太郎

※本書の情報は取材時のものです

コラム 1 ……

おりたたみ自転車と旅

おりたたみ自転車とは

おりたたみ自転車とは
車体をおりたたんで
コンパクトにできる
自転車のこと。
おりたたんで
手軽に持ち運んだり
収納したりできるので
ただ乗って移動するだけでなく
様々な活用のしかたがある
便利な自転車です。

輪《りん》行《こう》にもぴったり

輪行とは
鉄道やバスなどの公共交通機関に
自転車を載せて持ち運ぶこと。
自転車を分解、またはおりたたんで
専用の袋（輪行袋）に収納すれば
多くの場合、自転車を手荷物扱いで
車内へと持ち込むことができます。

※交通事業者によって自転車の取り扱いは異なるので、事前に規約等をよく確認してください。

次の電車は
1208

旅の相棒として

おりたたみ自転車と
公共交通機関での輪行を
組み合わせれば
まさに旅の行き先は無限大。
たとえば、自転車だけでは行けない
遠くの場所へも
鉄道を利用すればあっという間。
降りた駅から
サイクリングがはじまります。

ガイドブックに載っていない
自分だけの旅を
おりたたみ自転車という旅の相棒と
共にはじめてみませんか。

知らない街を自転車で走るって楽しい！

【輪行の心得】

自転車は輪行袋に正しく収納する

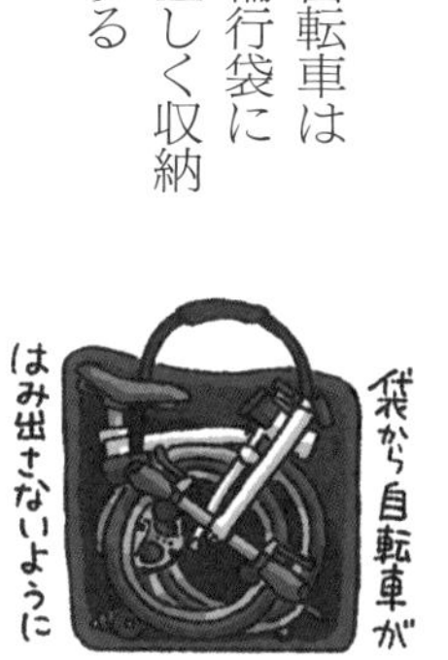
袋から自転車がはみ出さないように

周りの人の迷惑にならないよう配慮する

車内では邪魔にならないような場所に置く
ラッシュの時間をさける など…

時間に余裕を持って行動する

輪行の作業は
時間かかります

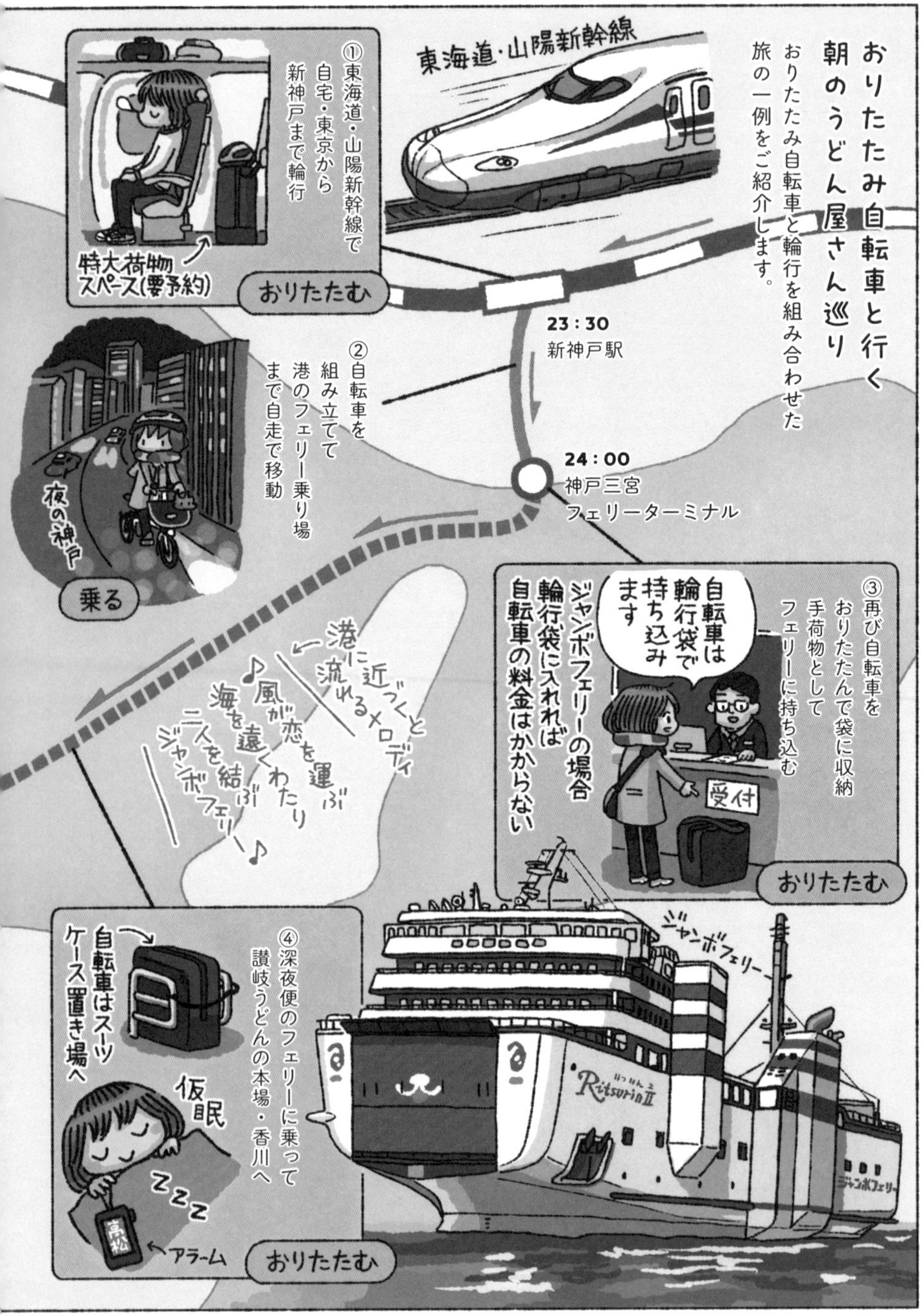

おりたたみ自転車と行く
朝のうどん屋さん巡り
おりたたみ自転車と輪行を組み合わせた
旅の一例をご紹介します。
東海道・山陽新幹線
①東海道・山陽新幹線で
自宅・東京から
新神戸まで輪行
特大荷物
スペース(要予約)
おりたたむ
23：30
新神戸駅
②自転車を
組み立てて
港のフェリー乗り場
まで自走で移動
夜の神戸
乗る
24：00
神戸三宮
フェリーターミナル
③再び自転車を
おりたたんで袋に収納
手荷物として
フェリーに持ち込む
自転車は
輪行袋で
持ち込み
ます
ジャンボフェリーの場合
輪行袋に入れれば
自転車の料金はかからない
受付
おりたたむ
港に近づくと
流れるメロディ
♪風が恋を運ぶ
海を遠くわたり
二人を結ぶ
ジャンボフェリー♪
ジャンボフェリー
Ritsurin《りつりん》Ⅱ
ジャンボフェリー
④深夜便のフェリーに乗って
讃岐うどんの本場・香川へ
自転車はスーツ
ケース置き場へ
仮眠
ZZZ
高松
アラーム
おりたたむ

翌 14：00
岡山駅
山陽新幹線
⑩翌日は再び
児島から輪行
岡山で新幹線に
乗り換え
東京へと帰る
楽しかった！
おりたたむ
⑧児島で
途中下車し
周辺を散策
ジーンズの街
乗る
⑨ホテルで
1泊
13：15
児島駅
H
15：00
下津井
瀬戸大橋
マリンライナー
⑦快速電車で
瀬戸大橋を
渡り
岡山へ
瀬戸内海
おりたたむ
12：30
高松駅
⑥ローカル線で
輪行し
高松築港駅へ
高松築港駅
翌 5：20
高松東港
フェリーターミナル
ことでん
604
おりたたむ
A
B
C
D
UMA〜！
最後は
立ち寄り湯へ
12：00
仏生山駅
⑤夜明け前に高松に到着
市内にたくさんあるうどん屋さん
を朝から自転車で巡る
香川のうどん
屋さんは早朝〜
昼過ぎまでしか営業
していないお店が多いのだ
乗る
A 手打十段うどん バカ一代　B 松下製麺所　C 大島うどん　D 中西うどん

日本のサイクリングロード
絶景

古いカメラを買ったので
街に繰り出してみた

① フィルムカメラと温故知新

東京―西荻窪

さっそくファインダーをのぞく
UCKLAND
ここの二重像がちょうど重なるように
500
250
125
30
15
8
4
2
1
ちょい飲み
ピントを合わせて…
OLYMPUS
カチ
カチ
中古で買った40年以上前のフィルムカメラ
露出計を見ながら絞《しぼ》りを決めたら…
OLYMPUS
F.ZUIKO
OLYMPUS
シャッターを押す
カチッ
スマホで手軽に写真が撮れる現代に
あえてアナログの手間を楽しむのも面白そうだと思った
そしてフィルムを
カリカリ
カリ
巻き上げる

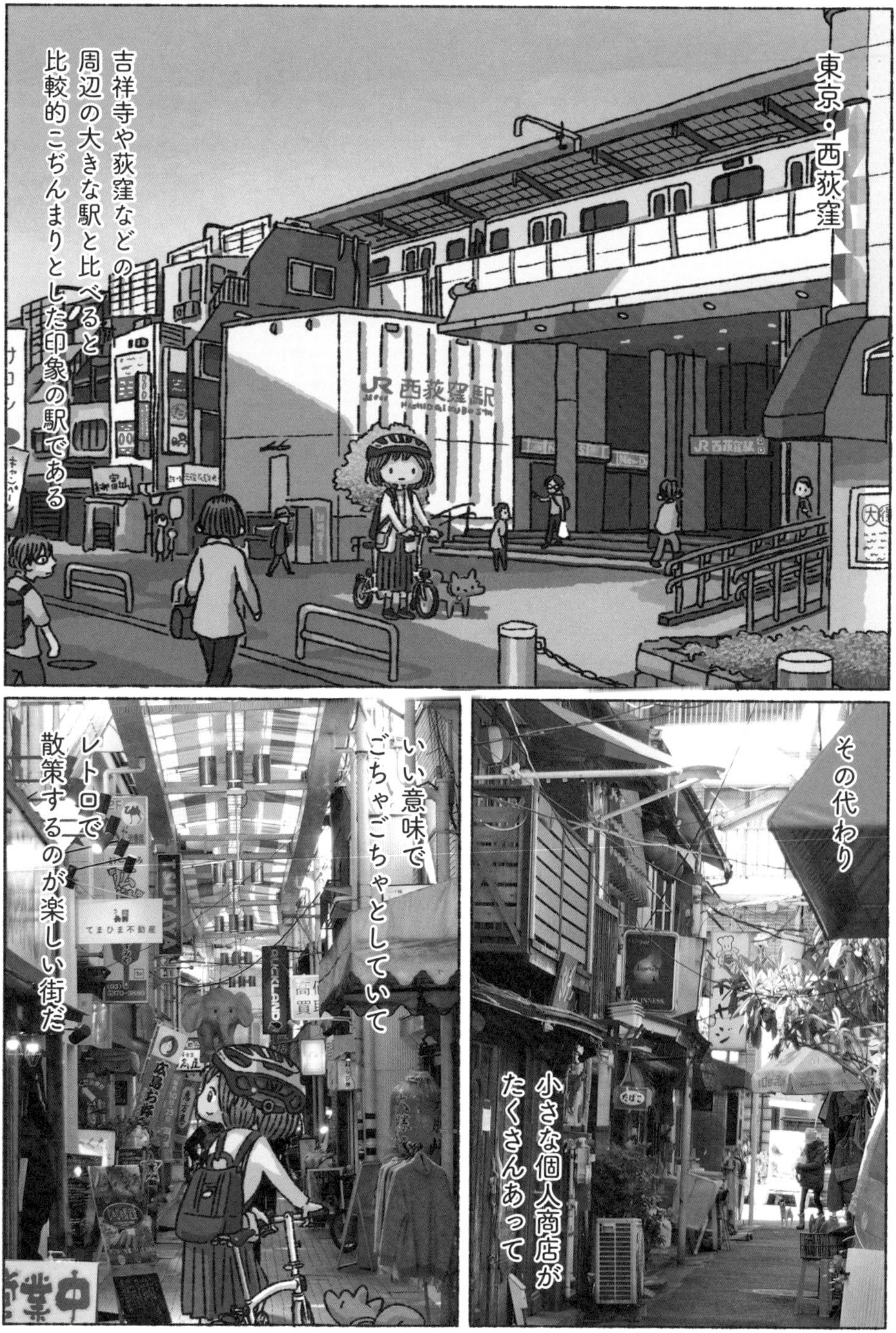
東京・西荻窪
吉祥寺や荻窪などの
周辺の大きな駅と比べると
比較的こぢんまりとした印象の駅である
西荻窪駅
その代わり
小さな個人商店が
たくさんあって
いい意味で
ごちゃごちゃとしていて
レトロで
散策するのが楽しい街だ
てまひま不動産
営業中

今日は
こっちに
行ってみよう
たい焼
コーナー
すーぱー
でりか
いとう
商店街は
駅から東西南北に広がっているので
何度来ても新しい発見がある
須田時計メガネ
?
袋田の滝
特選カラーしおり
乗鞍岳全集
ご自由にどうぞ
昔の観光地の
絵はがき
良かったら
持っていって
のりくら
まちナカ・コミュニティ
西荻みなみ
私たちが
若い頃のだから
今とはだいぶ
変わってるかも

八百屋さん
アンティークショップ
不動産屋さん…
ふとん屋さんに
本屋さん
いろんなお店がある街は
それだけで面白い
ここは…
コーヒースタンドだ！
【1310 COFFEE ROASTER】
1310 COFFEE ROASTER
Nishiogikubo
こだわりの
自家焙煎
コーヒーだそう！
1310 COFFEE
どうぞ
OPEN
Specialty
COFFEE
STAND
店先で
買えるのは
自転車乗りには
ありがたい

装飾テントが
カラフルでかわいらしい
長屋建築にあるのは
小さな文房具屋さん
トナリノ
カラフルな文房具が
ところ狭しと並んでいて
思わずワクワク！
文房具は
なんぼあっても
いいですからね
これください

フィルムカメラは
スマホと違って
24枚 36枚と
撮れる枚数が
限られている
フィルム代のほかに
現像代もかかる
だからこそ
どうしても一枚一枚を
大切に撮るようになる
でも実はそれが
面白いところで
目の前の景色を
大切に楽しめるようになる
気がするのだ
青梅街道営業所
OMEKAIDO-EIGYOSHO
C2213

旅の本屋…？
旅の本屋
のまど
12:00〜22:00
水曜日
旅の本屋 のまどは
その名のとおり旅の本専門の本屋さん
本 のまど
旅に出たくなるよ
しみずや
いつ来ても人の途切れることのないこちらの小さなお店は
街角のパン屋さん しみずや
50年以上も続く老舗なのだそう
カレーパンおいしい…！

西荻窪は
不思議な活気のある街だ
一見
再開発されていない
昭和の街並みという
印象だけれど
通りには
昔ながらのお店と
今風のおしゃれなお店が
混在していて
街行く人も
若い人からお年寄りまで
とても幅広い
それぞれが
それぞれの日常を
楽しんでいる感じが
この
不思議な活気を
生んでいるのだろう
あらゆる面で多様化が進む現代
もしかしたらこの街は
むしろ時代の最先端なのかもしれない

!!
こんな住宅街の中に大きな木が！
西荻司ビル
クリニック
【杉並区立 坂の上のけやき公園】
目の前にカフェも！素敵～！
【Atelier《アトリエ》 Kanon《カノン》】
〝古きを温《たず》ねて新しきを知る〟――
OLYMPUS
フィルムカメラと西荻窪――
今日はまさに温故知新のお散歩だった

フィルムカメラ
うまく撮れていると
いいなぁ…
おしまい

かわいい看板犬

にぎやかな駅前

仲通街名物
謎のピンクの象

お祭りで活躍するらしい

おしゃれな文房具が
たくさん並んでいます

トナリノ

わー！
きれいに撮れてる
やったー!!

失敗してるのもあるけどね

商店街に突然鳥居が！

コンパクトで良く写る名機！

カメラ：オリンパスXA
フィルム：フジフイルム
SUPERIA
PREMIUM 400

この旅のおとも

しみずやのパン
と
くまサブレ

小さくて
かわいくて
おいしい～♡

なぜか
縦向きに取り付けられた
飾りブロック

妙に趣がある

偶然見つけた
桜の咲く路地

お気に入りの喫茶店だったのですが
惜しまれつつ閉店…

Atelier Kanon
ゆっくりと過ごせて
居心地の良いカフェでした

MAP&DATA

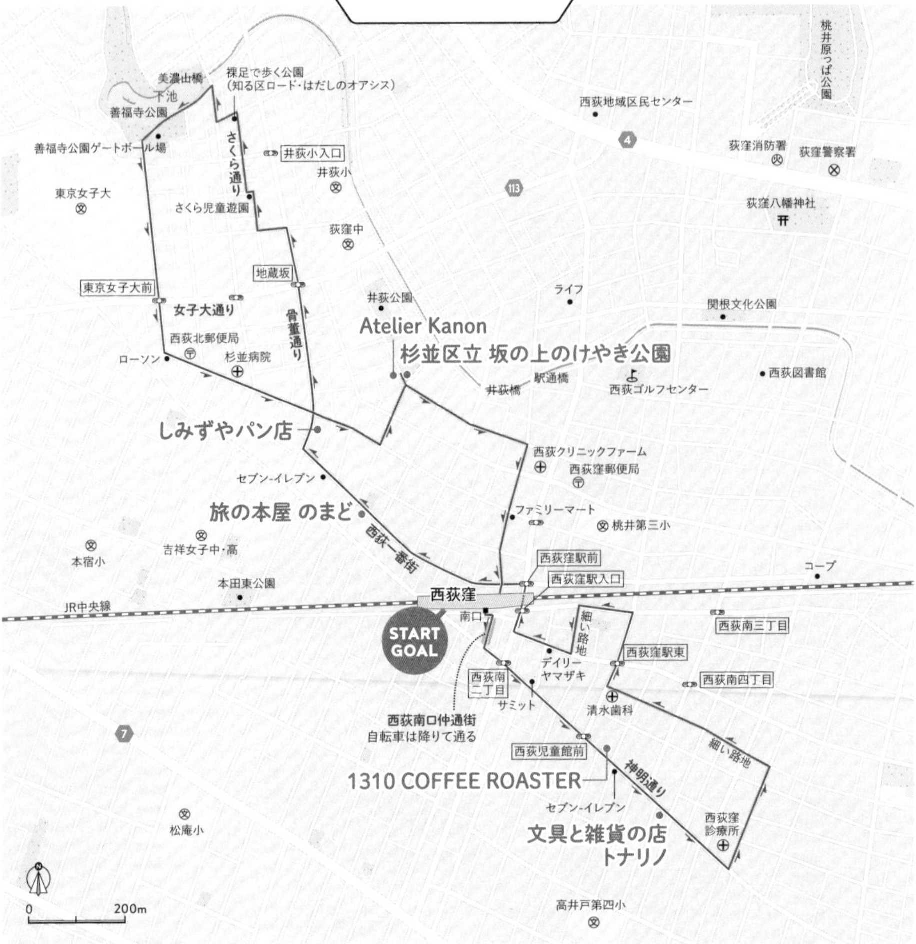

場所：　東京・西荻窪

季節：　春

天気：　晴れ

輪行：　なし（自宅から近いため）

宿泊：　なし

走った距離：　5.2km

旅の大変度：　低←★☆☆☆☆→高

旅の方向性：　文化系←★☆☆☆☆→運動系

被写体としての魅力度：　低←☆☆☆☆★→高

MEMO

中央線沿線の個性的な街のひとつである西荻窪。アンティークの街としても有名ですが、本屋さんや喫茶店、飲食店も多く、何度訪れても新しい発見があります。ところどころにあるバリエーション豊かな公園も魅力。午後からオープンするお店が多いのでお昼過ぎから行くのがおすすめ。

DATA

文具と雑貨の店 トナリノ：杉並区西荻南1-18-10
旅の本屋 のまど：杉並区西荻北3-12-10
しみずやパン店：杉並区西荻北4-4-5
Atelier Kanon：杉並区西荻北4-15-13
1310 COFFEE ROASTER：杉並区西荻南3-4-1

こんな服装で
行きました
・・・
WEAR

おしゃれな街なので
服装もすこしそれっぽく
サイクリングというよりは
カメラ散歩な感じです

□ヘルメット

□ノーカラーニットシャツ

□薄手のニットカーディガン
春先はニットばっかり着ています

□カメラポシェット
すぐに取り出して撮影できるよう
肩掛けのポシェットに入れました

□リュック
手作り市で買った
お気に入りの帆布リュック
肩ひもが外側に縫い付けられ
ている珍しい構造で
帆布でも型崩れ
しづらいです

□スカート
私の自転車はフレームが
低いのでスカートでも乗れます
自転車によっては車輪に巻き込まれ
やすいこともあるので注意

□レザーシューズ
西荻窪なので
おしゃれ靴にしてみた…

かばんの
なかみは
・・・
PACKING

□スマホ

□おさいふ

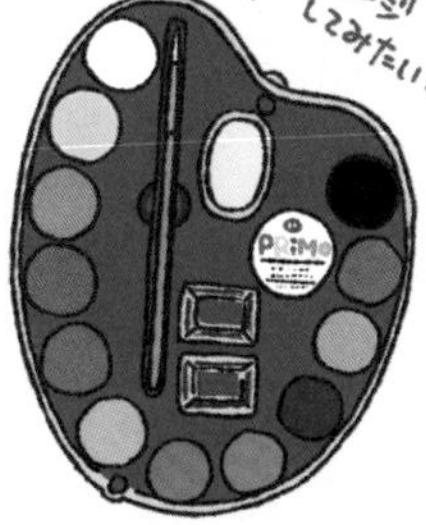

水彩チャレンジしてみたい…

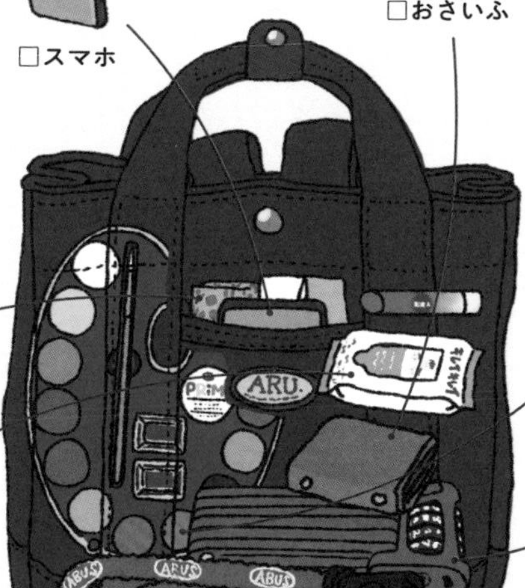

□ポケットティッシュ
□ハンカチ
□マスク

『トナリノ』で買った
水彩絵の具セット

□自転車の鍵
×2コ

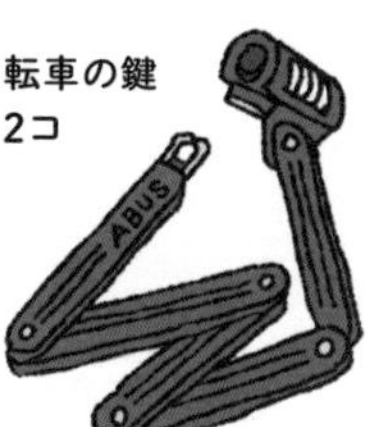

□リップ(乾燥予防)
□ウエットティッシュ

デザートは
別腹

② 理想の暮らしと橋の街

東京――多摩ニュータウン

もしも人口20万人の巨大な街を
一から造るとしたら
どんな街のかたちが理想だろう？

そんな絵空事のような壮大な構想を40年かけて実行・実現したのが東京 多摩地域にある多摩ニュータウンだ
すごいインパクトの橋だね～
近隣のサイクリストご用達のカフェ ZEBRA Coffee & Croissant 稲城中央公園店
高度経済成長期 東京の都市部における住宅不足解消のために計画された多摩ニュータウン構想
稲城市・多摩市 八王子市・町田市にまたがる 面積約2900haの広大な丘陵地帯を大規模な造成のもと開発し 人口約22万人の住む日本最大規模のニュータウン《新しい街》が生まれた
名前は聞いたことがあったけど まさかこの広い範囲がすべて多摩ニュータウンだったなんて…！
JR南武線
稲城市
稲城駅
多摩市
永山駅
多摩モノレール
若葉台駅
多摩センター駅
小田急多摩線
京王堀之内駅
京王相模原線
唐木田駅
八王子市
南大沢駅
多摩境駅
町田市
東京都
ココ
橋本駅
JR横浜線
多摩ニュータウン全体図

南多摩尾根幹線道路
稲城中央公園
道路拡幅とモノレール計画のための空き地（くじら橋もモノレールに対応した設計になっている）
【くじら橋】多摩ニュータウンの東側入り口に位置する大きな歩行者専用橋。くじらのような独特なラウンド形状のコンクリート橋が両側の公園を結ぶ。

既存の地形を生かしながらも
山を削り 谷を埋め
道路の配置なども
ほとんど一から造り直されたこの街は
【若葉台公園中央橋】

当時の人々の
理想の暮らしを実現する
夢の舞台として
創意工夫が繰り広げられたのだ
今日は適当に
サイクリングしつつ
アウトレットで
お買い物しよっと
※そんなことをまったく知らずに訪れた私

【元気橋】
上にも
道があるみたい
公園かな？
歩行者用道路
行って
みよう
ブオオオ
シャー
ん⁉
この街を訪れて
まず最初に驚くのが
その独特な道の構造だ

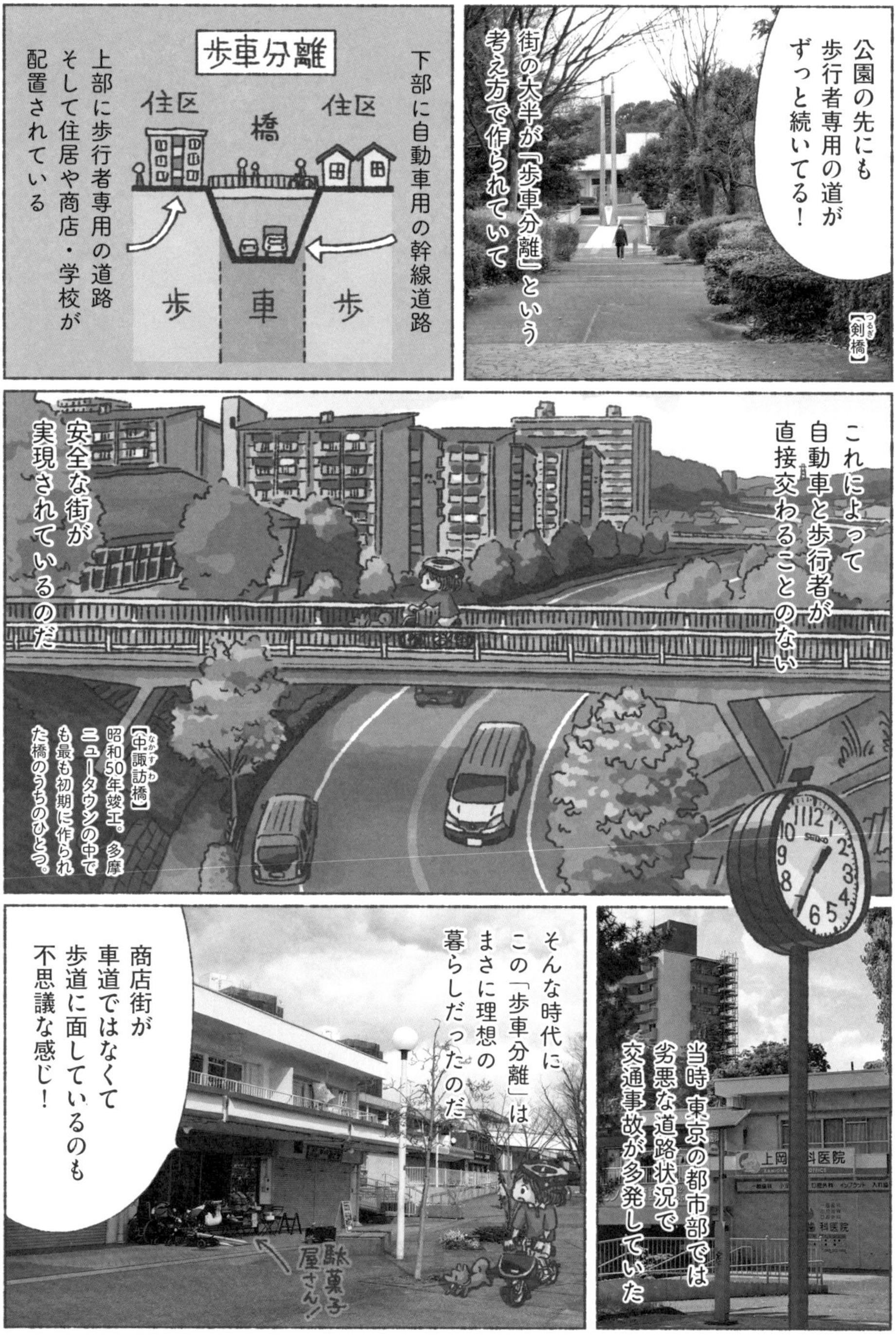
公園の先にも歩行者専用の道がずっと続いてる！
【剣《つるぎ》橋】
街の大半が「歩車分離」という考え方で作られていて
下部に自動車用の幹線道路
歩車分離
住区
橋
住区
歩
車
歩
上部に歩行者専用の道路そして住居や商店・学校が配置されている
これによって自動車と歩行者が直接交わることのない
安全な街が実現されているのだ
【中諏訪《なかすわ》橋】昭和50年竣工。多摩ニュータウンの中でも最も初期に作られた橋のうちのひとつ。
SEIKO
当時東京の都市部では劣悪な道路状況で交通事故が多発していた
そんな時代にこの「歩車分離」はまさに理想の暮らしだったのだ
商店街が車道ではなくて歩道に面しているのも不思議な感じ！
駄菓子屋さん！

中層住宅
歩道橋が
とにかく
たくさんあって
面白い！
【みどり橋】
タウンハウス
戸建住宅
ニュータウン内の住宅には
想像以上に様々なタイプがあり
歩行者専用道のしつらえも
地区によって変わる
街なかをすこし進むごとに
多種多様な景観が
楽しめるのだ
高層住宅

とんでもなく大きな公園！
そんな多摩ニュータウンの極めつけのような景観が
街を一直線に貫くように作られたこの公園群だ
公園としてだけでなく歩行者専用道としても機能し
晴れた日には直線の先に富士山が望める向きで設計されている
この壮大な計画を考えた人も説得した人も許可した人もすごいよね
宝野公園
桜並木
奈良原公園
展望台
鶴牧第二公園
Y字橋
富士山
【富士見通り】

公園を抜けて後年に作られた新しい地区へと進む
【鶴牧西公園歩道橋】見晴らしの良いらせん状のスロープとスタイリッシュな細部の仕上げが特徴。
時代によって理想の暮らしの姿は変わっていく
その変遷を見るのも面白い
【唐木田ガーデンロード】自家用車のいっそうの普及に伴い、歩車の完全な分離から「歩車共存」へ考え方が見直された。蛇行したコミュニティ道路と豊かな植栽が美しく散策が楽しい。
ジャ～～
どこからか水の音が聞こえる
人工的に造られたせせらぎ(水路)があるんだ!
せせらぎ緑道《りょくどう》
現在地

せせらぎが
歩道橋の上を通って
奥に続いてる!?
※橋の上です
チョロ
チョロ
【せせらぎ橋】
【せせらぎ緑道】
この地域にかつてあった小川を再現したもの。
雨水の排水路を兼ねている。
チョロ
チョロ
今度は
森の中を通って
本物のせせらぎ
みたいになった!
こんな
ところを
流れてる
マンションと
マンションの
あいだ
チョロ
チョロ
この小川が
人工の
ものとは
思えないね
あぁ~
水の音ォ
上流がどうなっているのか
気になって
どんどん奥へ進むと
何か
大きいものが
見えてきた

目の前に現れたレトロなアーチ橋
東京 四谷にあった大正時代の鉄橋を
架け替えに伴って
この地へ移築したそうだ
マンション
ネオバロック様式の装飾品
結婚式場
せせらぎは橋の下をくぐり
美しく橋を映し出す
橋に調和するように設計された
周辺の街並みとともに
異国情緒のあふれる空間だ
ヨーロッパみたい!
橋に合わせてシンメトリーに作られた姿池
水はせせらぎ緑道へ流れる
【長池《ながいけ》見附《みつけ》橋】
大正2年に架けられた旧四谷見附橋を、架け替えに伴い移築・復元したもの。レンガの積み方や細かい装飾品まで当時の姿を忠実に再現したこの橋は、土木学会田中賞を受賞している。

この橋があるのは
多摩丘陵の自然が
そのまま保全されている
長池公園
大規模なニュータウン建設も
開発後期には多くの自然が
公園として保全されるように
なったそうだ
ちょうど今
夕方だし
ちょっと
寄ってみよう
Sunset Observation Deck
夕日展望台
ニュータウンって
どことなく均質で
無機質なイメージ
だったけど
理想の暮らしのための
創意工夫に富んだ
個性的で面白い街
だったんだね
【夕日展望台】
しかし…
アウトレットで
いろいろお買い物する
つもりだったのに
カァ
カァ
街歩きだけで
一日が終わっ
ちゃったな
【南大沢 であい橋】

※結局アウトレットにも行きました。

おしまい

70年代な感じのかわいい花壇

でかい

歩行者専用道

木漏れ日がいい感じ♡

渋い団地内商店街
3-17-1
地元民以外絶対迷う
だがそれが楽しい

あれ? ここどこ…?

愛されてる
木が主役の公園

昔ながらの駄菓子屋さん

レッツ大人買い
10円
100円

まるで外国を旅しているみたい…!

タウンハウス地区

簡単操作でたくさん撮れるハーフサイズカメラです

カメラ：リコー オートハーフS
フィルム：コダック
ULTRAMAX 400

Kodak
400

この旅のおとも

本物の大正レトロ…!
長池見附橋

ドラマやCMでもよく登場します

電車見橋(!)から
電車を見よう

ガタンゴトン

エモい…

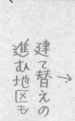

富士山が望めるはずの鶴牧第三公園の展望台…

くもっていて見えなかった

建て替えの進む地区も

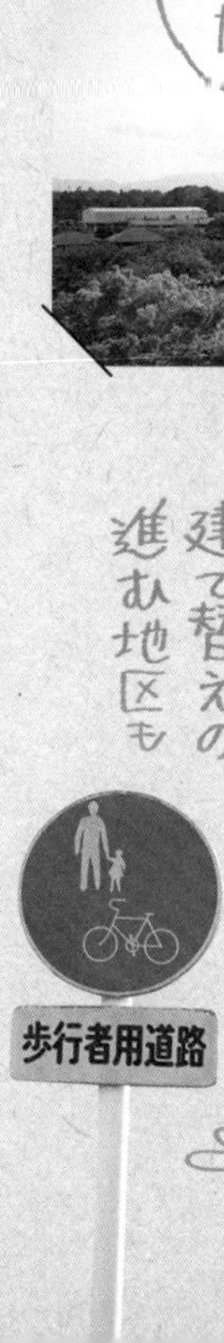
歩行者用道路

生きものみたい!

曲線が美しいくじら橋

MAP&DATA

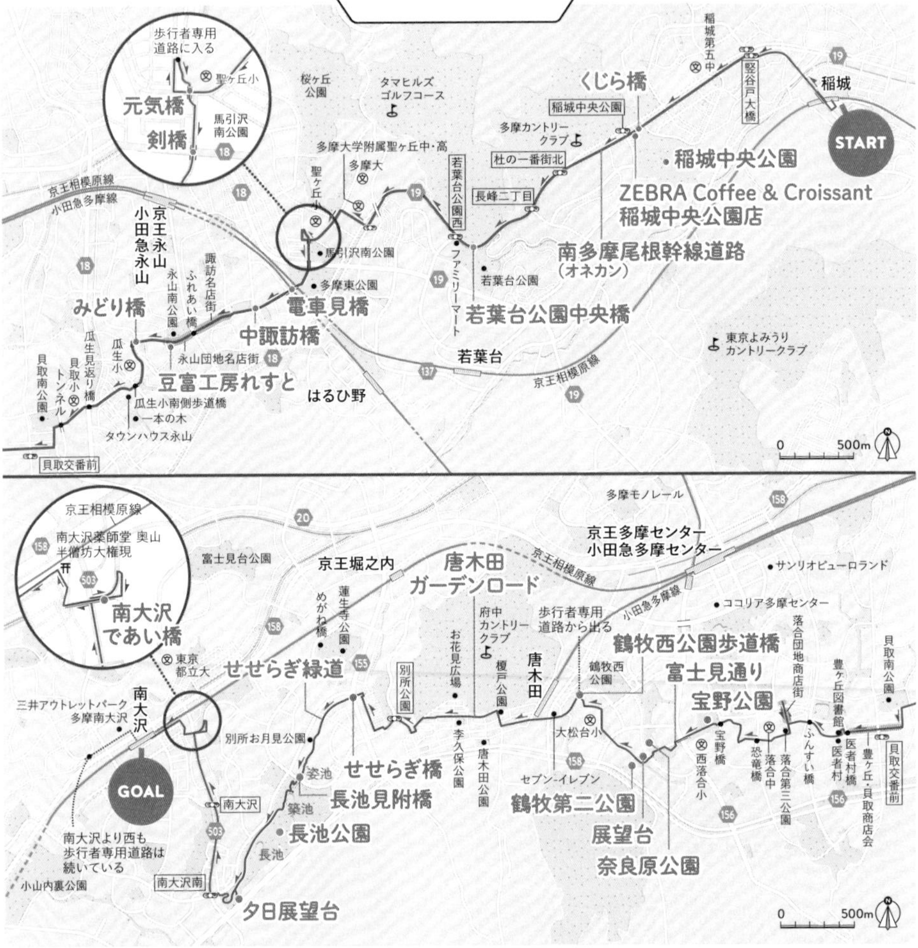

場所：	東京・多摩ニュータウン
季節：	初夏
天気：	晴れ
輪行：	あり
宿泊：	なし
走った距離：	18.7km
旅の大変度：	低← ☆★☆☆☆ →高
旅の方向性：	文化系← ☆★☆☆☆ →運動系
路地裏迷宮度：	低← ☆☆☆☆★ →高

MEMO

思いがけず奥深い魅力があることに気付かされた、多摩ニュータウン。はじめて通りがかったときからこの街の面白さをいつか紹介したいと思っていました。歩行者専用道は地図アプリに掲載されていないことが多く、現地に地図もほとんどないため、なかなかの探検気分が味わえます。自転車も走行可ですが、住宅街なのでゆっくり走るのが鉄則。

DATA

ZEBRA Coffee & Croissant 稲城中央公園店：
稲城市長峰1-1-1 稲城中央公園

こんな服装で行きました・・・
WEAR

今回は近場への輪行
春の暖かい気候だったので
ラフな服装で
荷物も最小限です

□ヘルメット

□オーバーサイズのポロシャツ
何も考えずに気楽に着られて
風も抜けて気持ちいい大きめのポロシャツ
コットン製なら汗もすぐ乾きます

□ハーフ丈パンツ
□レギンス
自転車で結構走るときは
脚回りが身軽なほうが楽です
日焼け対策でレギンスと組み合わせて

□レザーレースアップシューズ
本革で見た目がかわいい割に
意外と柔らかくてストレスフリーに履けます

□腕時計
時間を確認するため
だけにスマホを出し
入れするのが面倒
なので最近は腕時計
をよく着けます

クルッ
ピカ

腕を傾けると自動でバック
ライトがつく機能があると
暗い時間のサイクリングに便利

かばんのなかみは・・・
PACKING

□おさいふ
□スマホ

バックポケットに

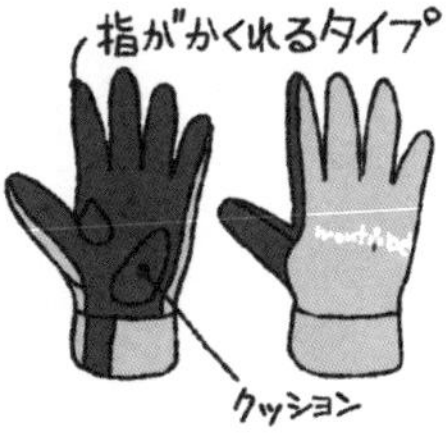
指がかくれるタイプ
クッション

アウトレットで冬用の
サイクルグローブと
ラップショーツ(スカート
的なもの)を買いました

□輪行袋
□自転車の鍵×2コ

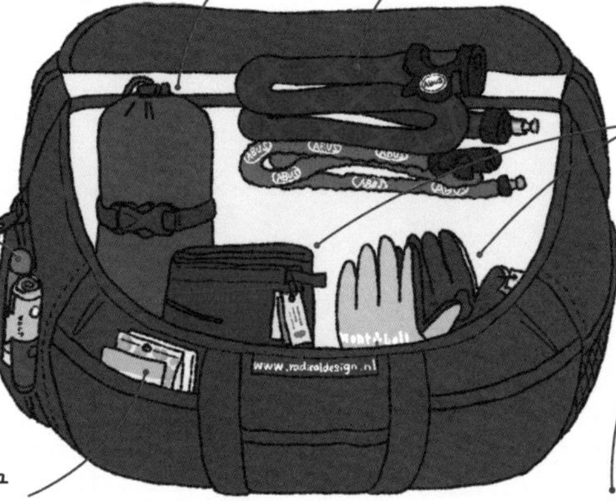
www.radicaldesign.nl

□リップ
□ライト
思いがけず
帰宅が夕方に
なったので
ライトを持参
して良かったです

□ポケットティッシュ
□ウエットティッシュ
□ハンカチ □マスク

□サドルバッグ
見た目がすごくかわいい
鍵とライトくらいなら
入ります

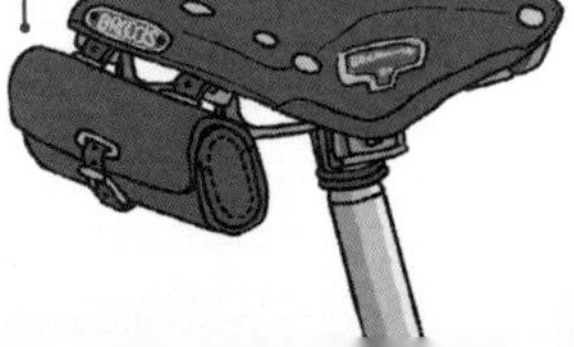

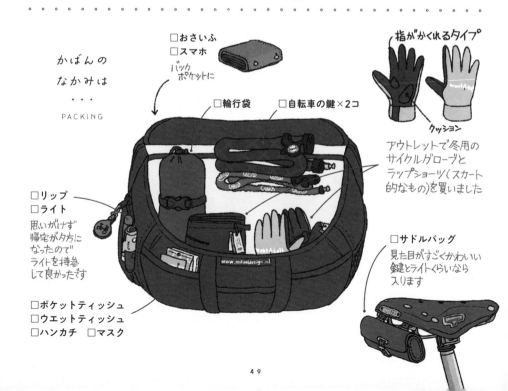

しめった
土のにおいは
雨が降るときの
におい
Short story
東京・豪徳寺
ゲリラ豪雨のにおい
徳寺
ニャー

雨の中のお線香のにおいは
お彼岸のお寺のにおい

しずくを照らす
太陽のにおいは
雨上がりの
におい
自転車を除く
日曜・休日は
13-18
日曜・休日を除く
16-18
笑顔で
みまもり
商店街

お兄さんから漂う
せっけんのにおいは
銭湯のある
街のにおい
鶴の湯
おしまい

梅ヶ丘
豪徳寺
小田急小田原線
ユリの木公園
山下
亀屋
鶴の湯
豪徳寺商店街
経堂
427
乗泉寺別院
423
豪徳寺
世田谷八幡宮
国士舘中・高
国士舘大
宮の坂
若林公園
鷗友学園女子中・高
世田谷城址公園
世田谷区役所
桜木中
勝光院
世田谷三丁目
松陰神社前
東京医療保健大
上町
東急世田谷線
世田谷
桜小
松陰神社入口
0
200m
3

豪徳寺
MAP

ガタンゴトン
ガタンゴトン
街なかの銭湯♡
大きな内風呂の横に
小ぢんまりとした露天風呂が
ありました！

修学旅行や
友人との旅行で
これまで何度も訪れてきた
京都——
そんな観光地を
ひとりで自転車で走ったら
どんな景色が見られるだろう

③ 雨の京都 ひとり自転車修学旅行

京都—下鴨

えっ それじゃあ
今日は1泊して
いきはるんですか?
せっかく
京都に来たので
すこし観光して
行こうかと…
取引先の方
ええですな～
どちらへ?
下鴨《しもがも》神社と上賀茂《かみがも》神社です
世界遺産で有名ですけど
修学旅行でも
行かなかったんですよね
2.2km
案内地
上賀茂神社
下鴨神社
京都駅
詳細
渋滞
京都府 京都市
どっちの神社も
街から離れていますからね～
地元の人もそう行かんですわ
そういえば
下鴨神社のそばに
元祖みたらし団子の
お店がありましてね～
あそこはうまいですよ
あと水無月《みなづき》も
ほーう
前もって
言ってくれはったら
ご案内して
さしあげたんですけどね～
ハッハッハ
JR 京都 kyoto

駅前のホテルに1泊し
翌朝
サーーッ
予報どおりだけど やっぱり雨だ
でも今日は 雨具も準備してきたし せっかく輪行してきたから 自転車で行ってみよう
うん
ポンチョ
サンダル
バッグカバー
ライト
東本願寺前の 工事渋滞を抜けて
あっという間に ひとつ目の 目的地へ
走り出して しまえば 雨サイクリングも 結構気持ちいいかも
イノダコーヒ本店
COFFEE COFFEE COFFEE
INODA COFFEE STORE
レトロやん

あこがれてたんだよね…！
京都で食べるモーニング！
京の朝食
雨は残念だけれどこうして雨音を聴きながらの朝食も素敵な雰囲気
coffee INODA
【イノダコーヒ本店】1940年創業の京都を代表する喫茶店のひとつ。本店は朝から営業していて、ネルドリップ式のコーヒーとこだわりの朝食を楽しめる。

しばらく休んだあと再び自転車で市内を進む
ドラマやアニメでよく見る鴨川デルタってここかあ～！
【鴨川デルタ】賀茂川と高野川の合流地点にある三角（デルタ）地帯。印象的な場所なのでしばしば作品の舞台になる。
一度渡って見たかったんだよね ここの石
石を渡って対岸へ行けるようになっている
ゴーーーッ
ええ…思ったより怖い！
怖いならやめておきたまえ この石は濡れていて人生のようにすべりやすい
スタスタ
師匠…！
※増水時の渡河は本当に危険なのでやめておきましょう。

駐輪場はあちらにございます
川沿いに走り下鴨神社に到着
下乗
自転車をとめて境内を巡る
ポンチョは自転車のカバーにもなって便利
よーし
【河合《かわい》神社】下鴨神社の境内の一角にある摂社のひとつ。美麗の神様「玉依姫命《たまよりひめのみこと》」が祀られており、顔の描かれた手鏡型の絵馬に化粧をして奉納する「鏡絵馬」がある。
ほとんど人がいない静かな境内
下鴨神社を囲むうっそうとした森
糺《ただす》の森と呼ばれるこの森には雨音だけがひびき神秘的で厳かな雰囲気が広がっていた

今食べた
休憩処の
お餅
約140年ぶりに
復元したらしいけど
おいしくてびっくり
下鴨神社境内の
休憩処「さるや」の
申《さる》餅《もち》
広い境内を進み本殿へ
こうやって
自分の意思で来ると
いっそうありがたい
感じがするね
【下鴨神社（賀茂御祖神社《かもみおやじんじゃ》）】
古代の豪族である賀茂氏の
氏神を祀る神社で、その歴
史は紀元前からとされる。
【楼門《ろうもん》】
自分の干支《えと》のお社《やしろ》にお参りする ちょっと変わった「えと詣《もうで》」がある
たつ・さる
八千矛神《やちほこのかみ》
とら・いぬ
大己貴神《おおなむちのかみ》
うさぎ・とり
志《し》固《こ》男神《おのかみ》
うま
顕国魂神《うつしくにたまのかみ》
へび・ひつじ
大国魂神《おおくにたまのかみ》
うし・いのしし
大物主神《おおものぬしのかみ》
ねずみ
大国主神《おおくにぬしのかみ》
これは何？
『この御手洗池から
湧き出る水泡を
かたどったのが
みたらし団子の発祥と
伝えられています』
だって
【御手洗社《みたらししゃ》・御手洗池《みたらしいけ》】
あっ
元祖
みたらし
団子

というわけで本殿参拝後は噂のみたらし団子屋さんへ
たぶんここだ
【加茂みたらし茶屋】
修学旅行かぁ楽しそうでいいなぁ～
がやがや
一番上の団子がすこし離れた特徴的な見た目人の形を表しているらしい
みたらし団子
水無月《みなづき》
この時期京都の人はこの和菓子を食べないと落ちつかないらしい(?)
このみたらし団子意外と表面はカリッとしていて甘すぎず香ばしい私の好きな味だ!
取引先のおじさんありがとう…
次はここに行くから10分後のバスに乗ろう
時間ねーなー
京都は修学旅行のように皆でわいわいと回るのもとても楽しい

けれど
景色や天気
においや風と
向き合いながら
雨がやんだ!
自転車でひとり
じっくり味わう京都も
有名な大の文字の山!
途中寄り道して買った
緑寿《りょくじゅ》庵《あん》清水《しみず》の金平糖
ポリポリおいし〜!
手づくり
京金平糖

けっこう良い感じだ
36 地下鉄 北大路駅・京阪 出町柳駅
上賀茂神社直進
【御薗《みその》橋】

上賀茂神社に到着！森の中にある下鴨神社とは全然違う広々とした感じなんだね〜
【上賀茂神社（賀茂別雷神社《かもわけいかづちじんじゃ》）】下鴨神社とともに京都で最も古い神社のひとつ。神が降臨されたともいわれる神山《こうやま》の麓《ふもと》に鎮座する。
さわやか〜
小川のせせらぎが聞こえる開放感のある社殿と神秘的な信仰のかたち
【舞殿《ぶでん》（橋殿《はしどの》）】境内を流れる御手洗《みたらし》川をまたぐように作られた舞台。
【立砂《たてずな》】
心が洗われるようなさわやかな空間だった
バシャッ
バシャッ
帰ったら今度は自転車とじっくり向き合わないと…（洗車）
バシャッ
おしまい

PHOTO GALLERY

イノダコーヒのおしゃれな店内

雨の日の京都

怖いならやめておきたまえ

水もしたたるブロンプトン

下鴨神社の青もみじ

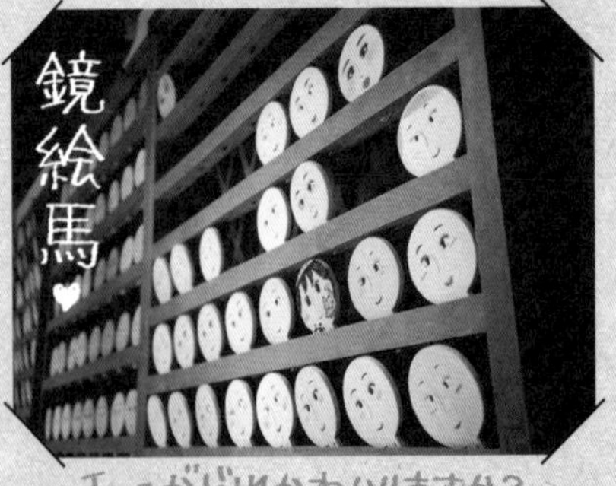

私のがどれかわかりますか？

ロモのフィルムにチャレンジ
青味が強く エモく写りました

カメラ：オリンパスXA
フィルム：ロモグラフィー
Color Negative
400

この旅のおとも

〜おいしい〜!!

晴れ間が出てきた!
あっ…
早くポンチョを脱ぎたい…

醸造元献酒家御芳名

上賀茂神社に奉納された酒樽

いろいろな柄があって見るだけでも面白い!

スタンド
ノンアル
でっかいコロッケ!

京極《きょうごく》スタンドで

夕ごはんを食べて帰りました

花手水《はなちょうず》

色とりどりのお花が浮かんだ手水舎がとっても美しかった

MAP&DATA

場所：	京都・下鴨
季節：	夏
天気：	雨
輪行：	あり
宿泊：	1泊2日
走った距離：	30.4km
旅の大変度：	低← ☆☆★☆☆ →高
旅の方向性：	文化系← ☆★☆☆☆ →運動系
雨でも楽しい度：	低← ☆☆☆★☆ →高

MEMO

何度も行った観光地でも、移動手段と天気が変われば印象はガラッと変わるもの。雨の日の京都はお店が空いていて、絵になる景色が多く、自転車で走ると非日常を感じました。

DATA

イノダコーヒ本店：中京区堺町通り三条下る道祐町140
下鴨神社(賀茂御祖神社)／河合神社／休憩処 さるや：
左京区下鴨泉川町59
加茂みたらし茶屋：左京区下鴨松ノ木町53
緑寿庵清水 京都本店：左京区吉田泉殿町38-2
上賀茂神社(賀茂別雷神社)：北区上賀茂本山339
京極スタンド：中京区新京極通四条上ル中之町546

こんな服装で行きました・・・

WEAR

雨が降ることがわかっていたので、雨対策を万全に
仕事服もあるので
荷物はできるだけ少なく

□ヘルメット

□ギャザーブラウス
かばんの中に入れておいてもしわが気にならない

□腕時計(防水)
帰りの新幹線に遅れないように!

□ひざ丈のスカート
ポンチョだと足元が絶対に濡れてしまうので、今回は思い切ってスカートに
素足が濡れますが拭けばOK
びしょびしょのズボンを持ち帰るよりはいい…?

□かかと付きのサンダル

□自転車用ポンチョ
乗ったり降りたりを繰り返す
今回のような雨の日の街散策には
自転車用ポンチョが便利です

ただし、風があるとバタつくし、止まっているときに蒸れるので ある程度長距離走る場合は上下分かれたレインウェアのほうがおすすめです

かばんのなかみは・・・

PACKING

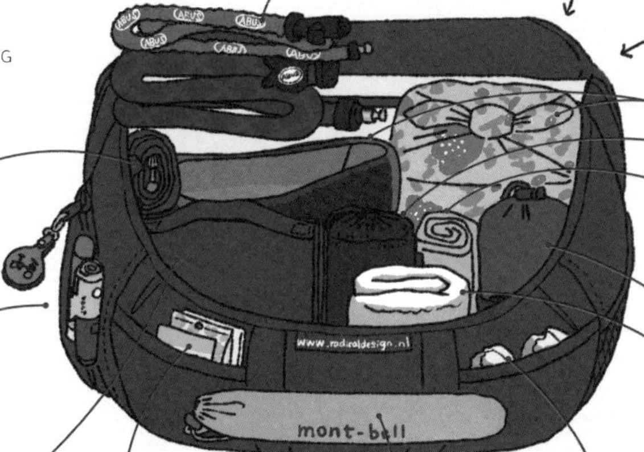

□おさいふ
□スマホ
バックポケットに

□自転車の鍵×2コ

□フィルムカメラ
バックポケットに

□仕事かばん
上にのせる

□仕事服・靴

□自転車用ポンチョ

□レインカバー
バッグにすっぽり被せるタイプの防水カバー

□チューブ
パンク時の交換用

□輪行袋

□リップ
□ライト

□ホテルでもらったタオル
濡れた体や服を拭くのに重宝しました

□お泊りセット
(洗面用具、衛生用品、化粧用品、充電用品)

□ポケットティッシュ
□ウエットティッシュ
□ハンカチ □マスク

□おりたたみ傘
(防水袋付き)

□ビニール袋
タオルを持ち帰るため

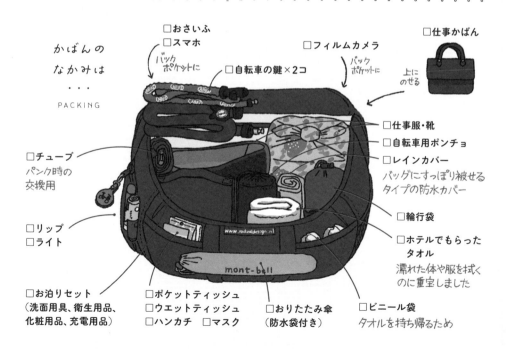

夜に自転車で走るのが好き
Short story
東京・吉祥寺
夜に駆ける

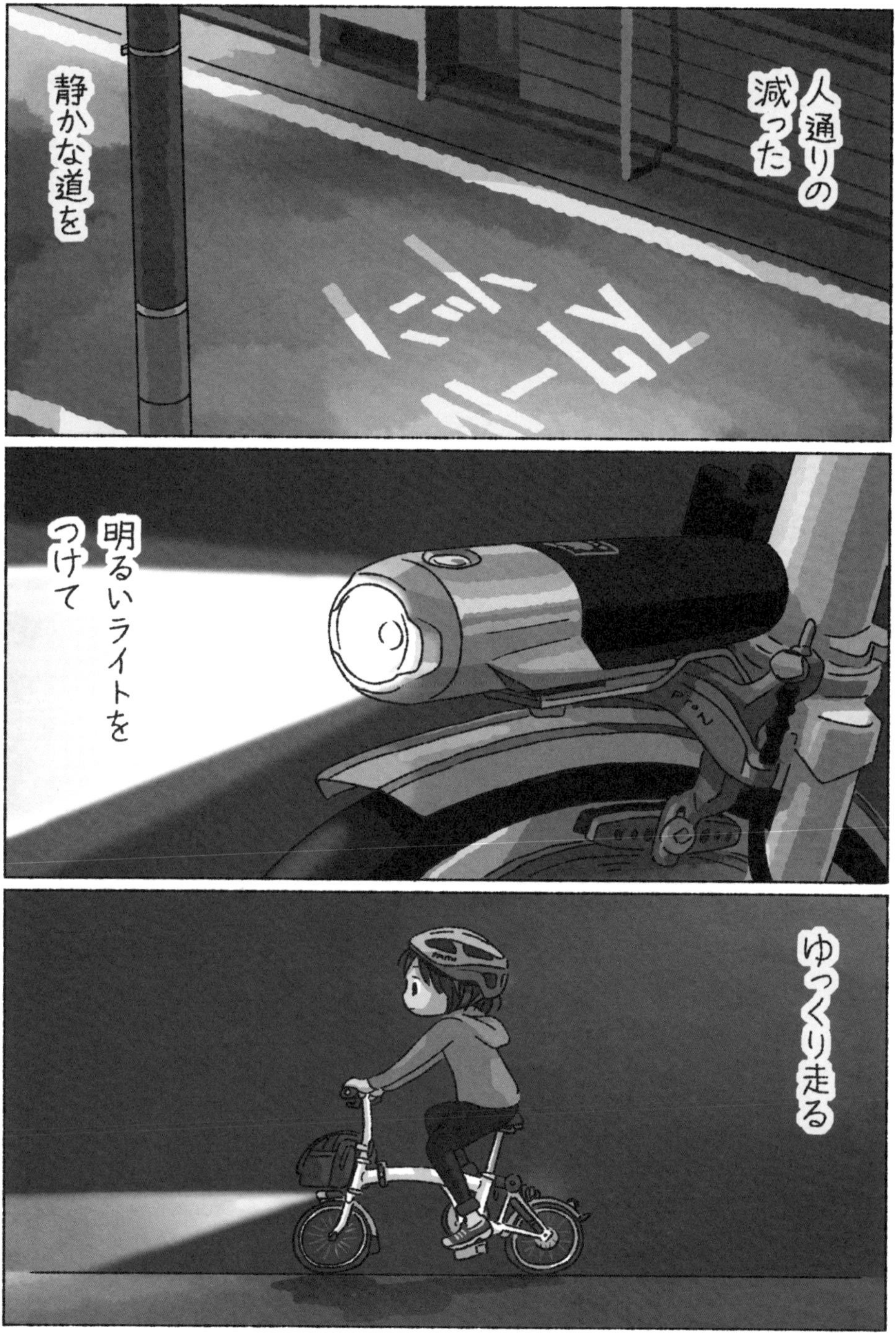
人通りの
減った
静かな道を
明るいライトを
つけて
ゆっくり走る

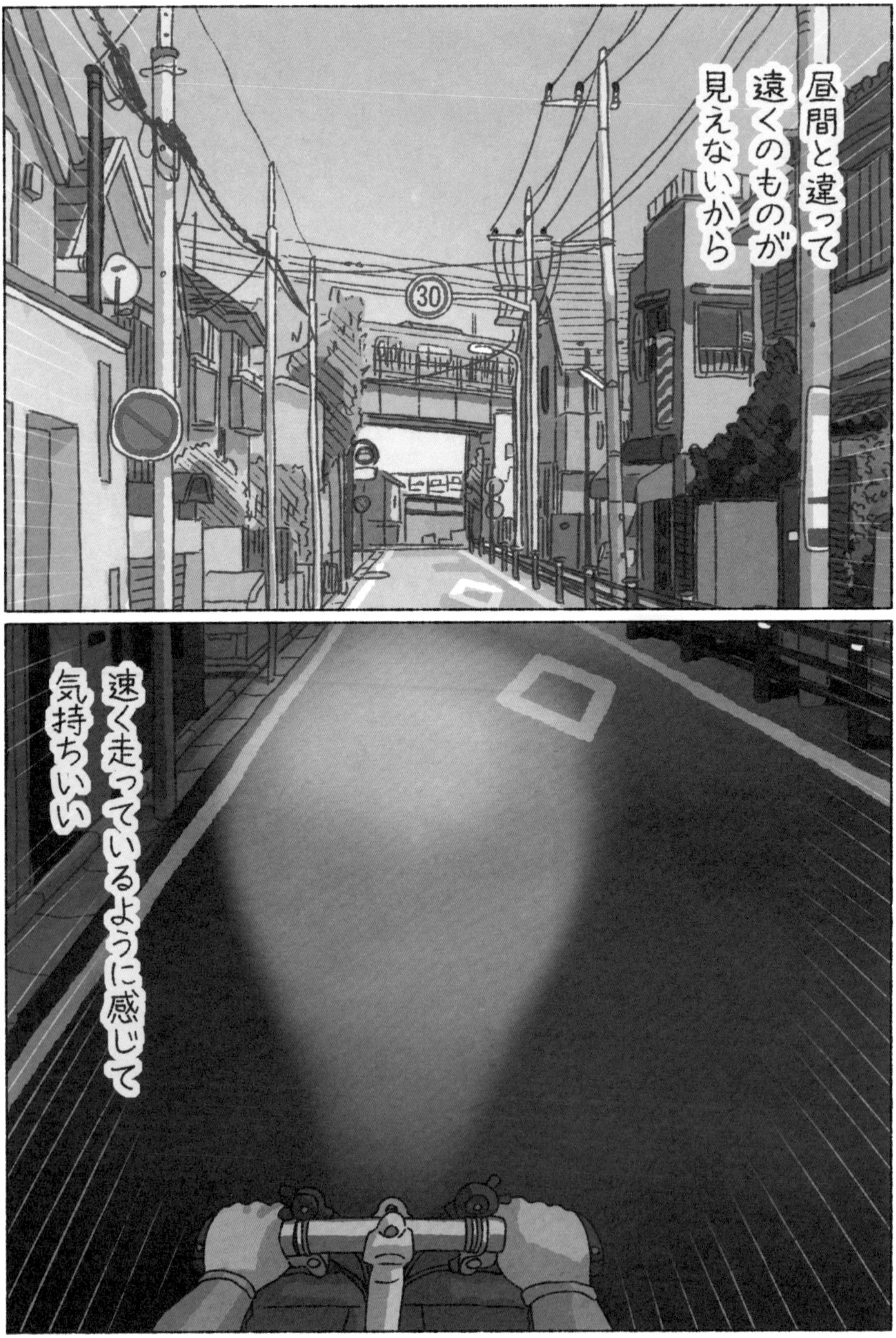
昼間と違って
遠くのものが
見えないから
速く走っているように感じて
気持ちいい

デスクワークによる
運動不足の解消にも
うってつけ
Oishii kedo Hi-Calorie SWEETS
あっ 袋は
いらないです
ただし
カロリー的には
むしろ増えることが多い
おしまい

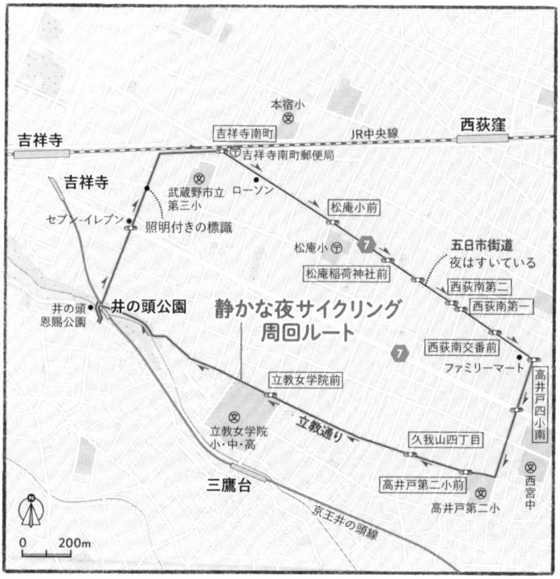
本宿小
吉祥寺南町
JR中央線
西荻窪
吉祥寺
吉祥寺南町郵便局
吉祥寺
武蔵野市立
第三小
ローソン
松庵小前
セブン-イレブン
照明付きの標識
松庵小
7
五日市街道
夜はすいている
松庵稲荷神社前
西荻南第二
西荻南第一
井の頭
恩賜公園
井の頭公園
静かな夜サイクリング
周回ルート
7
西荻南交番前
ファミリーマート
高井戸四小南
立教女学院前
立教女学院
小・中・高
立教通り
久我山四丁目
西宮中
高井戸第二小前
三鷹台
高井戸第二小
京王井の頭線
0
200m

吉祥寺

MAP

④ 温泉と紅葉 自転車二人いやし旅

長野——安曇野

朝ごはんも おいしい！
盛り付けも 秋らしくて とっても おしゃれ！
こんな素敵な宿に 泊まれるなんて 夢みたい～！
急だったのに 来てくれて うれしいです
彼との旅行のはずが 直前でケンカしちゃって…
でも 宿を キャンセルしなくて 良かった…
もーっ
今日は やなこと忘れて パーッと旅を 楽しもってば
あっ

それに私 ずっとクミちゃんと やってみたいと 思ってたんだよ
チュン チュン
おりたたみ 自転車で 二人旅！
私もです！
まさか はじめての輪行が 長野になるとは 思ってもなかったですけど
愛車オレンジ君です！
うわー！ 何度見ても キャワ！
それじゃあ 紅葉の 安曇野 サイクリングへ
レッツゴーー！
お宿 なごみ野

広々としていて清々しい〜！
まずは朝からやっている近くのカフェへ…
のどかな田園風景を眺めながらソファでゆったりいつまでもくつろげそう〜
【CHILLOUT STYLE COFFEE】
蓮華岳
雨引山
餓鬼岳
東餓鬼岳
有明山

こっちの道の奥にも面白いお店があるらしい
ただの住宅街っぽいですけど
田園地帯の奥 住宅地の狭い路地をすこし登っていくと…
こんなところにかわいいパン屋さん！
【WEEKENDS】
朝焼きたての小ぶりなパンを店先でほおばる幸せ！
富士尾山
浅川山
蝶ヶ岳

旅先ではいつもお詣りしてるんだ
穂高神社
心が清められる荘厳さですね
【穂高神社】創建年は不明で古代より安曇野に鎮座する歴史ある神社。伊勢神宮と同じように定期的に本殿を作り直す式年遷宮が行われている。
うわ――！
錦鯉
大パノラマの田園風景の中を進む
安曇野はわさびの収穫が日本一なんだって
大王わさび農場
わさびってこうやって栽培するんだ！
安曇野の豊富な伏流水の中で育てる沢わさび

道中の無事
そして
クミちゃんが仲直り
できますように
わさび入り
ソフトクリーム
生わさび
【大王わさび農場】
日本一の生産量を誇る広大なわさび農場。施設内は自由に見学できる。大王という名は、敷地内にある大王神社に祀られている魏石《ぎし》鬼八面大王《きはちめんだいおう》の伝説に由来する。
アイスにわさび…
ヤバい組み合わせ
でも意外と
おいしいですね
大王プレミアム本わさびソフトクリーム

クミちゃん愛用ポラロイドカメラ！
パシャジ〜
素敵なお店カフェかな？
エンゼル
こんにちは〜あれ？
主に長野に住んでいる作家さんの作品を置いている雑貨のお店です
そうだったんですね！
とっても素敵な音色のベル
シャンシャン
一枚革のかばん良い…

外の階段を上がった2階にカフェがあるんです
思いきって購入♥
私の母がやっているお店です よければぜひ寄っていってくださいね
グゥ〜〜
【ごはんカフェエンゼル】1975年創業の素敵なカフェ
【クラフトショップaoibiyori】かつて駐車場だった1階部分を改装して雑貨店にしたそう
CAFE ANGEL
いらっしゃいませ
娘のお店に行ってくれたのね〜
そうなの！
まあ
自転車で！

安曇野は素敵な景色とお店がいっぱいでめっちゃ良かったねえ
金物店
あそこがゴールの豊科《とよしな》駅だよ
さえこさん もうすこし自転車で走りませんか？
いいけど疲れてない？
全然平気です！まだお昼過ぎですし私の自転車意外と走れます
それにこの先に「あづみ野やまびこ自転車道」っていうサイクリングロードがあって紅葉がとってもきれいらしいんですよね！
かわい
おやおやいつもの元気なクミちゃんに戻ってきたようだ
私思ったんです
この自転車旅の気持ち良さ楽しさを次は彼にも感じてほしいって…
そんで私のオレンジ君を子供用じゃんってばかにしたの
土下座で詫びさせてやるんです
わびろわびろ
ケンカの原因それかい！

詩のある広場
休憩所
おしまい

すすきと秋の風

秋晴れの安曇野

旅館で迎える
さわやかな朝

ガシャッ
ジーッ

クミちゃんのポラロイドカメラ
アートみたいな写真が撮れて
面白い!!

カメラによって写りが全然違うので比べるのも面白いです

カメラ：オリンパスXA
フィルム：フジフイルム
SUPERIA
PREMIUM 400

OLYMPUS

カメラ：ポラロイド
SX-70 ALPHA
フィルム：純正
インスタントフィルム

この旅のおとも

『アイスと紅葉』

夕日に照らされるわさび田もきれい

キラキラ

Morning Coffee

青い!
自転車道から見る
梓川《あずさがわ》

Kaiteki★Sugite
UGOKENAI

穂高神社 七五三詣の飾り

安曇野にはあちこちに
「道祖神」があります

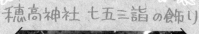

MAP&DATA

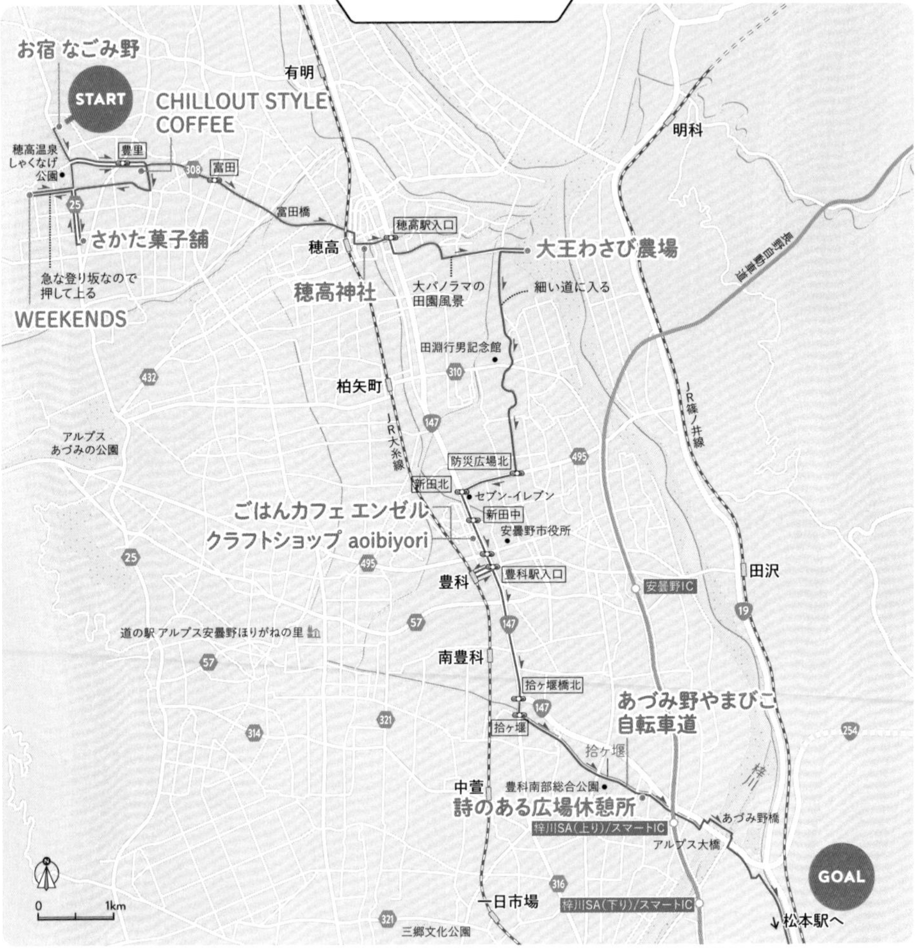

場所：	長野・安曇野
季節：	秋
天気：	晴れ
輪行：	あり
宿泊：	1泊2日
走った距離：	28.8km（豊科駅まで18km）
旅の大変度：	低←☆☆★☆☆→高
旅の方向性：	文化系←☆☆★☆☆→運動系
秋晴れリフレッシュ度：	低←☆☆☆☆★→高

MEMO

前日は穂高駅から送迎車（要予約）を利用して宿へ。誰かと一緒に走る場合、お互いの自転車の性能や体力などに違いがあるので、無理のない旅程を組みましょう。

DATA

お宿 なごみ野：安曇野市穂高有明3618-44
CHILLOUT STYLE COFFEE：安曇野市穂高有明3293-1
WEEKENDS：安曇野市穂高有明7784-11
穂高神社：安曇野市穂高6079
大王わさび農場：安曇野市穂高3640
ごはんカフェ エンゼル／クラフトショップ aoibiyori：
安曇野市豊科5925-2

こんな服装で
行きました
・・・
WEAR

秋の1泊2日の旅行
衣類が思いのほかかさばり
荷物がぎゅうぎゅうに…

□ヘルメット

□腕時計
サイクリング初心者の
友人と一緒に行くので
計画と時間管理は
ベテラン(!?)の私が担当!

□ウルトラ軽いダウン
□ウインドブレーカー
□ニットベスト
□長袖シャツ
秋の長野・安曇野の気温が
よくわからなかったので
調節できるよう重ね着スタイルにしました
今回は意外と暖かかったので
ダウンとウインドブレーカーは
結局使いませんでした

□ツールキット
パンク修理・工具
セットは自転車の
フレーム内に入れて
います

□テーパードジーンズ
裾にかけて先細りになっていて
動きやすくて良いです
いずれ国産のジーンズもほしい

□スニーカー

かばんの
なかみは
・・・
PACKING

□輪行袋
□チューブ
□自転車の鍵×2コ
□フィルムカメラ
バック
ポケットに
□着替え
□フィルムの予備

バック
ポケットに
□おさいふ
□スマホ

□リップ
□ライト

『aoibiyori』で買った
革のショルダーバッグと
鍋つかみ

□お泊りセット
(洗面用具、衛生用品、
化粧用品、充電用品)

□ポケットティッシュ
□ウエットティッシュ
□ハンカチ　□マスク

□ウインドブレーカー

□ウルトラ軽いダウン

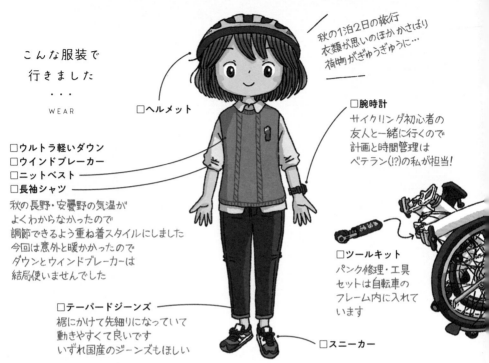

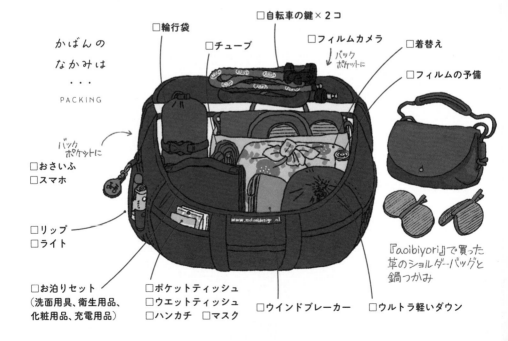

コラム 2

私の自転車、クミちゃんの自転車

コインロッカー(大)に
収まるコンパクトさ
おもいけど…
輪行袋(市販品)

○ 私さえこの愛車 ○

BROMPTON

ブロンプトン (S6L 2013年式)

イギリス・ブロンプトンバイシクル
おりたたみ時：縦58×横58･5×奥行27cm　重さ11.5kg

街で見かけて一目惚れして買った英国製のおりたたみ自転車。おしゃれな見た目！ですがそれだけではなく、たたんだときの収まりの良さやしっかり走れる癖のない走行性能など、おりたたみ自転車としての性能のバランスがとれたロングセラーのモデルです。
値段はなかなかですが、スチール製で作りがしっかりしているので価格に見合う価値はあり。

良いところ

- 英国製らしいおしゃれな見た目
- 小さくおりたためるのにしっかり走れるバランスの良さ
- 専用のバッグを付ければ荷物もたくさん載せられる積載性
- スチール製で耐久性が高くお手入れすれば長く愛用できる

良くないところ

- 値段が高く初期投資がかかる
- 重量が重く輪行後に筋肉痛に
- 盗難にあいやすいため防犯対策はしっかりする必要がある

私のモデルは6段変速です
革クリームでフキフキ…
本革サドル
見た目重視で付けました
かわいいけどお手入れは欠かせません
本革グリップも付けました
ドロヨケが標準装備！
バッグを取り付けるためのアタッチメント
ライト
キックスタンド付けました

方向音痴の強い見方
スマホホルダー
着脱式のライトホルダー
おりたたみ時も安心
純正サドルが
ふかふかで
良いです
部屋や玄関に置いても
邪魔にならないサイズです
小さいタイヤが
かわいい!
いずれ
かわいいペダルに
カスタムしたい!
キック
スタンドは
標準装備
です

○　友人 クミちゃんの愛車　○

CarryME

キャリーミー（2021年式）

台湾・パシフィックサイクルズ
おりたたみ時：縦100×横32×奥行25cm　重さ8.6kg（エアタイヤ仕様）

小さな車輪とカラフルな細身のフレームがとってもかわいい、台湾製のおりたたみ自転車。
見た目に反して快適に走れるので、日常のちょっとしたおでかけのときにサッと組み立てて手軽に乗れます。
スティック状におりたためて輪行もしやすいので、旅先に持っていく相棒としてもぴったり。

輪行のときの見た目は
スポーツ用品っぽく
なります
意外と目立たなくて良い
純正
キャリーバッグ

良いところ

- ポップでかわいい見た目と色
- タイヤの小ささに反して意外と軽い力でスイスイ走れる
- スティック状におりたためて重量も軽く持ち運びしやすい

良くないところ

- ▲変速がないので坂道は大変
- ▲タイヤが小さいのでちょっとした段差につまずきやすい

松本駅 思ったより
遠かったですね…
松本釋

Short story

廃線跡とレールの音

岡山・児島〜下津井

讃岐《さぬき》旅行を満喫した私は
瀬戸大橋を越えた先
岡山・下《しも》津《つ》井《い》に
本日の宿をとった
児島
ジーンズの
産地として
知られる児《こ》島《じま》
ここと下津井の間には
90年代はじめまで
小さな鉄道が走っていて
下電バ
今はその廃線跡の一部が
歩行者・自転車道として
整備されている

四国との距離が近いこの地は
江戸の昔より交通・物流の
要衝《ようしょう》として大きくにぎわったそうだ
小さな鉄道はその一端を担い
人や魚、塩や繊維製品を運んだ
岡山県
下津井電鉄
児島
下津井
後の瀬戸大橋(1988年開通)
下津井−丸亀航路
丸亀
香川県
1950~60年代の下津井周辺
沿線随所に残る
豪奢《ごうしゃ》な建物からも
当時の繁栄ぶりを偲《しの》ぶことができる
廃線跡の細い道は
交通としての役割を譲った
瀬戸大橋線の橋脚の隙間を抜け
下津井へと進む

夕焼けに染まる
瀬戸内海の「多《た》島《とう》美《び》」
鉄道の車窓から
見えたであろう絶景は
今も変わらずそのままだ
道は往《おう》時《じ》の面影を
色濃く残していて
まるで今にも
列車が走ってきそう！
ドトー
ドトー
ドトー
ドトー
あれ…？
ドトー
ドトー
風の道 WIND STREET
わしゅうざん（駅跡）
鷲羽山
WASHUZAN
きんかい(0.9km)
(0.4km)ひがししもつい
ドトー
ドトー
ドトー
ドトー
この音…

聞こえてきたのは
かすかだけれど
列車の走ってくる音だった
ドトー
ドトー
ドトー
ドトー

ファーーン
ドトン
ドトン
ドトン
——もちろん廃線跡に
列車が走るはずはなく
ドトー
ドトー

どうやらその音は瀬戸大橋を渡るJR線のものだったようだ
ドドードドー
ドドードドー
下津井港
ボー
ボォー
バイバイ
じゃあな～
下津井の街と廃線跡の道
おつまみ
時代が交錯するような不思議な場所だった
早く宿で温まりたい
おしまい

下津井

MAP

カメラ：LOMO スメナ8M
フィルム：コダック ColorPlus200

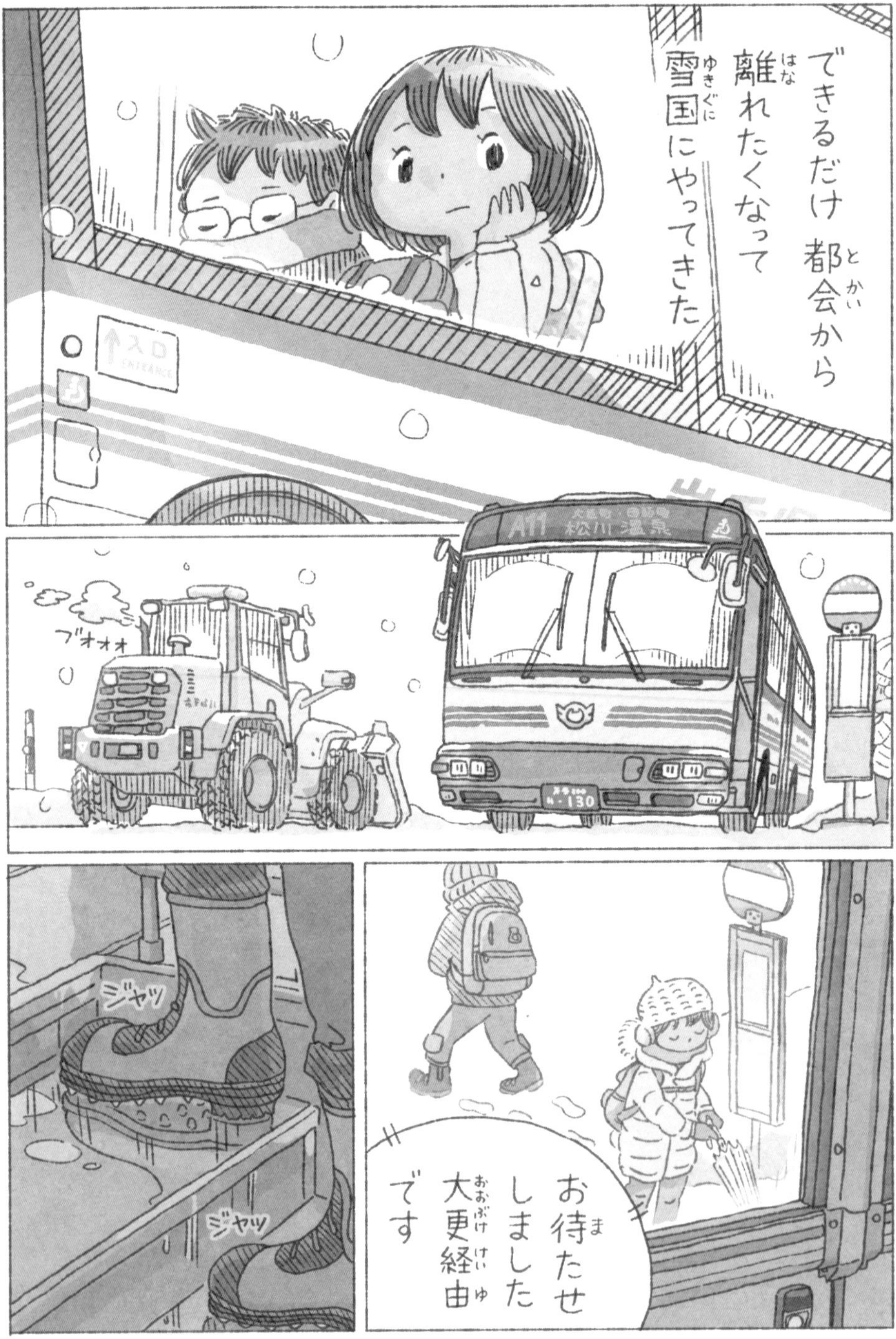
できるだけ 都会《とかい》から
離《はな》れたくなって
雪国《ゆきぐに》にやってきた
入口
ENTRANCE
A11 松川温泉
ブオオオ
ジャッ
ジャッ
お待《ま》たせしました 大更《おおぶけ》経由《けいゆ》です

Short story

岩手・八幡平

大雪の中、山奥の温泉に路線バスで行ってきた

まもなく マウンテンホテル
この先《さき》 山間部《さんかんぶ》に つき
終点《しゅうてん》まで ご利用《りよう》の お客様《きゃくさま》は 隣《となり》のバスに お乗《の》りかえください

岩手県北バス
岩手県北自動車株式会社
ガウン
ガウン

おめはんがたボンバス見《み》にきたんだが
よがんす
昨日《きのう》までぼっこれてずーらんねなったって
古《ふる》いがらの
岩手県北バス
床《ゆか》が高《たけ》えから注意《ちゅうい》して乗《の》ってぐなんしえ
自動扉
一般乗合

プシュー
バシャコン
ブオ゙オ゙オ゙オ゙オ゙
ババババ
バババ
すごいゆれるのね
まだまだ
パパパパ
今《いま》
あのレバーで四駆《よんく》にしたぞ

バウンバウン
ジャン
ジャン
ブオオオン
バババ

岩手県北バス
岩手県

おでんせ〜
寒《さむ》い中《なか》の〜
今日《きょう》はこの冬《ふゆ》一番《いちばん》の寒《さむ》さだ〜
峡雲荘
中《なか》はあったかい!!
地熱《ちねつ》で温《あたた》めでらのです

ああ〜
いい湯《ゆ》だった
って何《なに》やってんの!!
涼《すず》んでる
外《そと》マイナス10度《ど》だよ!!
あ意外《いがい》と気持《きも》ちいいかもしれない
めちゃめちゃ温《あたた》まる温泉《おんせん》だったな
……
来週《らいしゅう》もまたがんばれそう
そりゃあ良《よ》かった
おしまい

PHOTO GALLERY

レトロでかわいい ボンネットバスで 松川温泉へ

盛岡駅から路線バスに揺られること2時間…

岩手県北バス
いすゞTSD40改
1968年式

途中で乗りかえます

冬期のみです

50年選手だけど今も路線バスとして現役…!

すごい

寒すぎて外に立っていられない

丸っこい車内がかわいい!

レトロなバスにはレトロなカメラが似合います

カメラ：リコー オートハーフS
フィルム：フジフイルム
SUPERIA
PREMIUM 400

この旅のおとも

運転手さんの熟練運転テク!

運転席には

レバーがいっぱいある

何も見えない…

山深くなるにつれて
ガチな雪に…

バババババ
ババババ
轟音だけが
響く車内

松川温泉 峡雲荘
冬のシンボル
お手製雪だるま

コンニチワ

また
明日…
ジャンジャン
ジャン
ジャン

テールライト
雪に消えゆく
勇ましさ

0
-10

マイナス10度の世界…
でも中はとっても暖かいのです

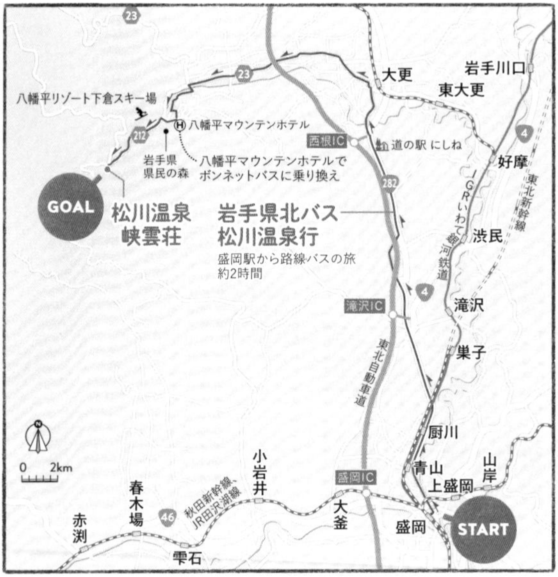
八幡平リゾート下倉スキー場
八幡平マウンテンホテル
岩手県
県民の森
八幡平マウンテンホテルで
ボンネットバスに乗り換え
GOAL
松川温泉
峡雲荘
岩手県北バス
松川温泉行
盛岡駅から路線バスの旅
約2時間
大更
東大更
岩手川口
西根IC
道の駅 にしね
好摩
IGRいわて銀河鉄道
東北新幹線
渋民
滝沢IC
滝沢
巣子
東北自動車道
厨川
青山
山岸
上盛岡
盛岡IC
小岩井
大釜
盛岡
START
春木場
秋田新幹線、
JR田沢湖線
赤渕
雫石
0 2km

八幡平

MAP

大雪なので自転車はお休み…

AIRLINES
Z z

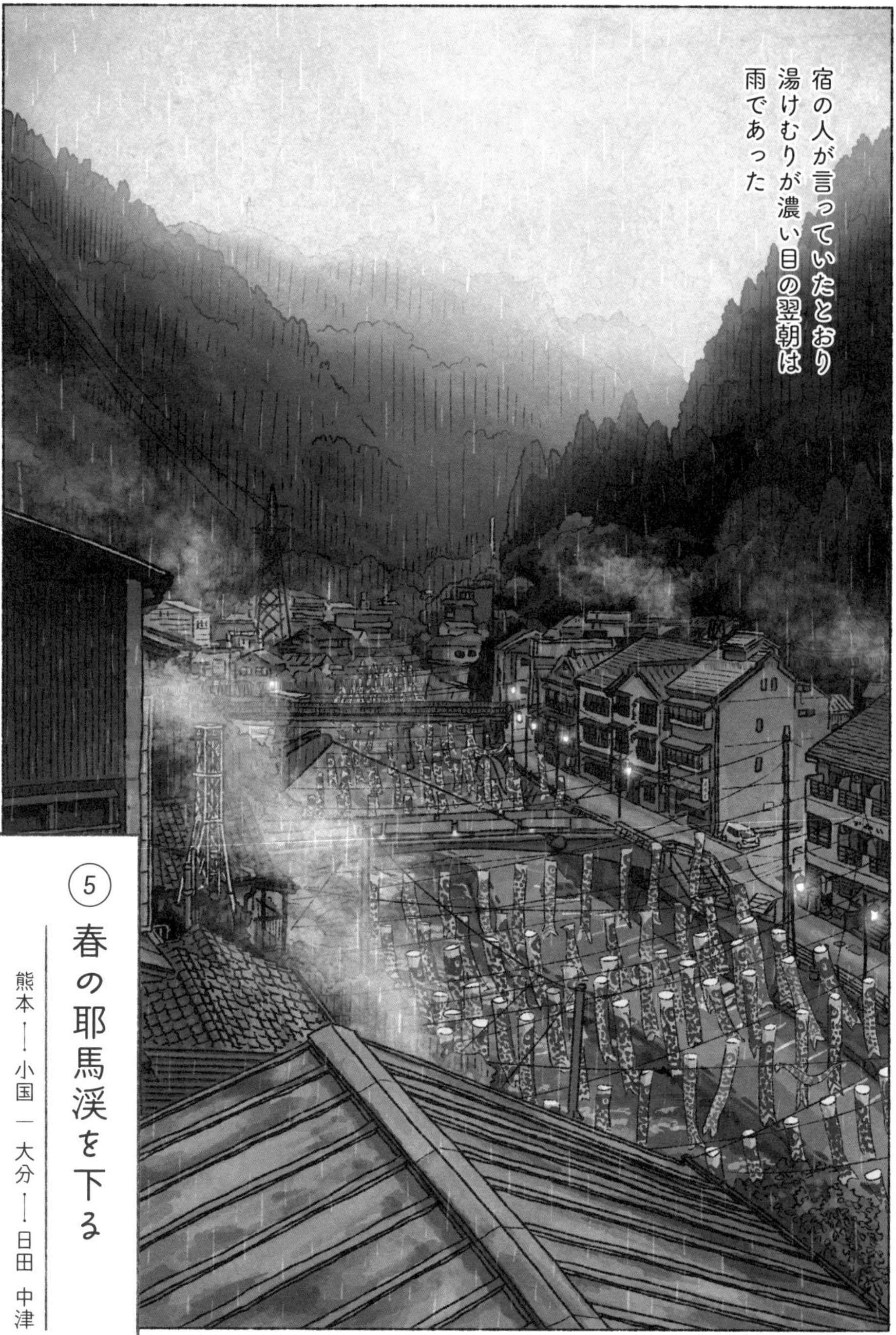
宿の人が言っていたとおり
湯けむりが濃い目の翌朝は
雨であった

⑤

春の耶馬渓を下る

熊本─小国─大分─日田 中津

渓流の音に混じって聞こえる
しとしととした雨音――
そわそわと早起きした私は
早速 今日の旅程について
考えを巡らせていた
思い切って自転車で進むか
自転車
潔く諦めてバスに乗るか
パサッ
朝6時
難しい選択だ…
熊本と大分の県境の山あいにある
杖立《つえたて》温泉
しとしと…
美肌の湯として知られる
その泉質と
昔ながらの温泉地らしい
風情ある街並み
わぁ
そして この時期は
谷を渡るように揚げられる
鯉のぼりの姿が有名だ

道ばたにむし場がある
シューッ
シューッ
温泉の蒸気を使った蒸し器なんだ
湯けむりが吹き出す路地
雨は冷たいけれど
湯けむりはほかほかだ
シュー
シュー
…まあ急ぐ旅でもないし
やまないようなら朝のお風呂入ろうかな
あれ？明るい…
鯉が泳ぎはじめた！
サワァ°°°

よし
自転車だ
今回のサイクリングは
ここ杖立温泉から
海沿いの中津へと至る
約70kmのロングコース
とはいえ
1か所の峠（＋250m）を
除けば ほぼ全行程で
ずっと下り坂が続く
ゴール
中津
耶馬渓《やばけい》
ゆるやかに下る
下る
伏木《ふしき》峠
メイプル耶馬サイクリングロード
登る
日田《ひた》
下る
大分県
杖立温泉
スタート
熊本県
ブォオオオオ
雨上がりの風を感じながらの
快走サイクリングだ
巨人だ〜！
巨犬…？
日田市大山は漫画『進撃の巨人』の作者
諫山創先生の出身地
それにちなんだ
町おこしが行われている
VRアプリ
日田の市街地まで下ると
沿道もにぎやかになってくる
江戸時代に天領として大変栄えた日田は
今もその雰囲気が色濃く残る
酒
クンチョウ
おはよう
ございます

中津
耶馬渓
212
ここを右
雲ひとつない晴天になったね
でこのタイミングで峠道がはじまる…
日田往還
伏木峠
えっっぐ
!?
【石坂《いしざか》石畳道《いしだたみみち》】江戸時代に馬車で峠を越えるために作られた石畳敷きの峠道。今も当時そのままの姿で残っている大変貴重な史跡なのだそう。
石畳
おい
余裕があったら歩いてみたかったないけど
こいだり押したりしつつ頂上へ向かうこと約40分
のみもの買うの
わすれた
天空の集落
峠の上は意外にも頂上という感じではなく畑と集落の広がるのどかな景色だった
なんだか桃源郷みたい
助かった…
天空の自販機
そして自販機が1台だけあった

そこから先は
ひたすら下り坂に
シャーーーッ
あっという間に
山国《やまくに》へと至る
雰囲気の良い
公共施設があったので
ひと休みすることに
売店もある!
図書館や
映画館(!)
カフェなどが
入っている
とってもモダンな建物
【コアやまくに】
職員の方
こんにちは
絶好のサイクリング日和になりましたね
あっついです〜
あのっ
目の前にある塔は何なんですか?
展望台なんですよ
ただし上るには階段を使うしかないので大変です
そうなんですね
…あら?
さっきの人たちまだいたのね
あぁ…
おそらくあの展望台に上ってきた者たちだ
面構えが違う

★興味本位で上ってみたら本当に大変だった…

ここから「メイプル耶馬サイクリングロード」という自転車道がはじまる
小特 軽車両を除く
ここから
ここもかつてこの地を走っていた「耶馬溪鉄道」の廃線跡を活用した自転車道である
最近その魅力に気付きはじめた廃線跡再利用系のサイクリングロード
鉄道の線路は基本的に勾配やカーブがとても緩やかで道路交差も少ない
つまりすごくリッチな自転車道になるわけである
やば！
やば…
その上もともと観光用途で作られた鉄道であれば沿線の景観も折り紙付き！
やば～っ
昼食は『手打ちそば筍《たけのこ》』のとろろそば
耶馬溪産の二八そばを使ったツルツルでおいしい一杯

酔仙岩《すいせんがん》の景
自転車道を外れたところに
学校の建物を使った
カフェがあるらしい
このあぜ道の先みたい
立派な木造校舎！
よう
どっから来たんか
!?
【木精座】
何もないところなんによく来たもんだ
サイクリングか
戦後しばらくまで蒸気機関車がそこを走りよっちこの学校からも煙が見えたもんだ
俺 終戦のときここの6年生だったんだよ
ええっ！
おいくつなんだ…
そんな歴史ある学校に今も通う常連のおじいさん
実家のようなほっこり感に包まれる素敵なカフェだった
よく来たね～
これも食べて
アル〇オートとか～

ごつごつした岩肌が見えてきたら
そこが日本新三景に数えられる
名勝 耶馬渓である
【競秀峰《きょうしゅうほう》】
えっ ここ
通っていいの!?
耶馬渓の岩の
下をくぐる道
【青の洞門】
耶馬渓を貫くトンネル群。およそ250年前、寺の参拝のためにこの断崖絶壁を通行し命を落とす人や馬が多かった。それを哀れんだ僧侶が30年かけて手掘りで掘ったものといわれる(現在は改修され車が通れる大きさになっている)。
すこし下流には
外国のような
立派な石造りの橋も
【耶馬渓橋(オランダ橋)】
この自転車道
見どころが
多くてすごい
何もなくない!
橋の傍らにある
『小谷瀬パン工房』のカレーパン

サイクリングロードは趣のある煉瓦造りのトンネルをいくつかくぐり抜け
いいねぇ
終点の中津市街へ
突き当たりにゴールの駅が見える！
大分銀行
P
中津駅
うん
でかくない!?
長かったようで
あっという間の一日だったね
日本一長い鱧(ハ
絶景に囲まれながら日常を忘れてただひたすら走り続ける――
そんな自転車乗りの幸せの詰まった湯けむりのようにほんわかした春の一日だった
おしまい

〝日田は『進撃の巨人』の聖地〟でもある

〝できるかどうかじゃねえだろ やれ…〟

飛行機&特急ゆふいんの森で一路日田へ

車内で飲んだサイダー♡

杖立温泉の紅葉橋で『絵鯉《えこい》』を描きました

杖立温泉の鯉のぼり

たくさんの鯉のぼりが風になびく姿はとっても壮観でした!!

湯けむり

めずらしいメーカーのフィルムを試してみました 発色がきれい!

カメラ：オリンパスXA
フィルム：上海申光400

この旅のおとも

乗って帰りたい

かわいらしい形の
バス停の待合室!

素敵なストーリーが
生まれそう

江戸の面影が残る 日田豆田町

ちなみに平日の朝9:30に通ったので
お店はほとんど開いていませんでした

コアやまくにの展望台

長い階段を上る

思っていたより怖い!!

絶景

岩肌が大迫力の 競秀峰

青の洞門

僧侶が手掘りで掘った当時の洞門が一部残されていて徒歩で通ることができる

手で掘った時のノミの跡がある…!

ひたすら快走♡
メイプル耶馬サイクリングロード

気持ちいい!

MAP&DATA

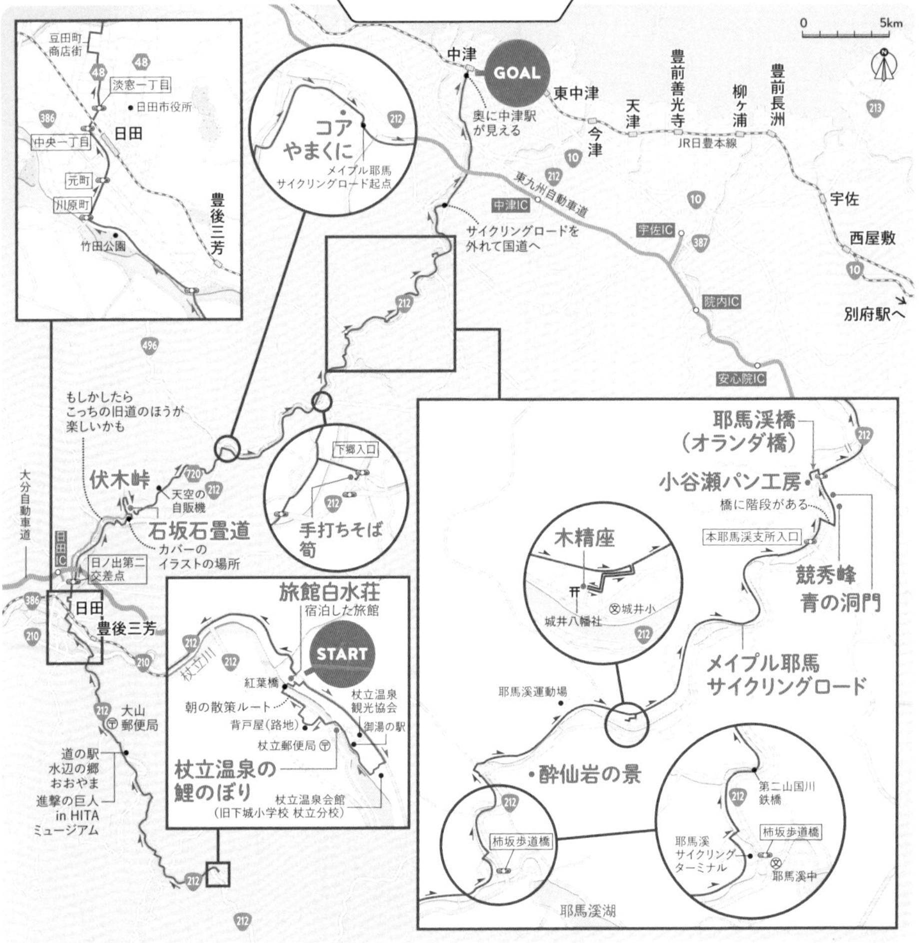

場所：	熊本・小国〜大分・中津
季節：	春
天気：	雨→晴れ
輪行：	あり(飛行機・列車・バス)
宿泊：	2泊3日
走った距離：	76.4km
旅の大変度：	低←☆☆☆★☆→高
旅の方向性：	文化系←☆☆☆☆★→運動系
快適サイクリングロー度：	低←☆☆☆★☆→高

MEMO

杖立温泉の鯉のぼりとメイプル耶馬サイクリングロードにひかれて、飛行機を使って九州へ輪行。1日目は移動日、2日目を自転車で走る日としました。ゴール後は別府でもう1泊。温泉で疲れを癒して、大分空港から東京へ帰りました。

DATA

旅館白水荘：熊本県阿蘇郡小国町下城4217
コアやまくに：大分県中津市山国町守実130
手打ちそば 筍：大分県中津市耶馬溪町大島174-1
木精座：大分県中津市耶馬溪町平田1525
競秀峰：大分県中津市本耶馬渓町曽木
小谷瀬パン工房：大分県中津市本耶馬渓町曽木69-5

飛行機輪行は
何より事前準備をしっかり
やっておくことが大事！
当日の流れを想像しながら
必要なものを揃えましょう

こんな服装で行きました・・・

WEAR

□ヘルメット

□アームカバー

□半袖プルオーバーシャツ
飛行機や電車、空港や駅など
今回は人の多いところを移動するので
身軽にかつ普通っぽい服を選びました

□サイクルグローブ（夏用）
自転車用は派手な
デザインのものが多い中
これはシックな見た目で
気に入っています

□カメラ／スマホポシェット
今回はフィルムカメラのフィルムの予備も
持っていったので たくさん撮影できるよう
カメラは肩掛けにしました

□靴下
アンクルカットのもの

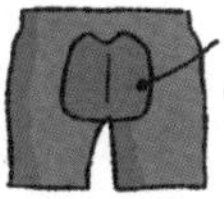

□9分丈テーパードパンツ
□サイクルインナーパンツ
動きやすさと涼しさを考えて短めの丈のもの
下に自転車用のサイクルインナーパンツを
穿いています

□レザーレースアップシューズ
意外と柔らかくストレスフリー

かばんのなかみは・・・

PACKING

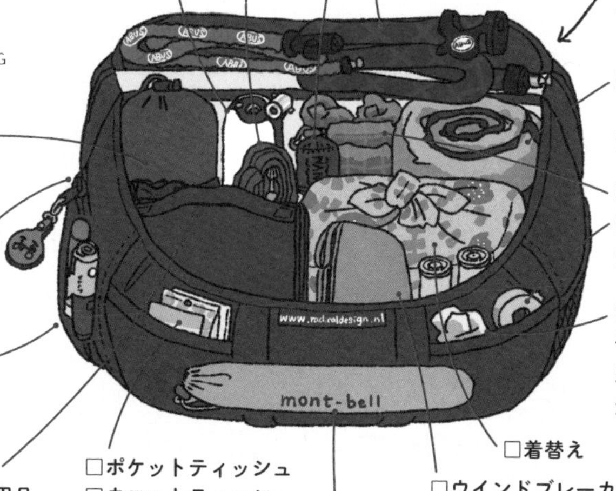

□電動空気入れ

□おりたたみリュック

□チューブ

□自転車の鍵×2コ

□カメラ
□フィルムの予備
フィルムはX線検査で
感光しやすいので
飛行機では手荷物に！

□輪行袋（厚手で自転車を完全に包めるもの）
飛行機用

□輪行袋
（薄手のタイプ）
鉄道・バス用

□薄手のタオル
□マスキングテープ
飛行機輪行時の養生用

□おさいふ
□スマホ

□厚手のビニール袋
預け入れ荷物として
輪行袋に同梱する
鍵や部品のまとめ用

□リップ
□ライト

□着替え

□お泊りセット
（洗面用具、衛生用品、
化粧用品、充電用品）

□ポケットティッシュ
□ウエットティッシュ
□ハンカチ □マスク

□ウインドブレーカー

□おりたたみ傘

□ツールキット
自転車に装着

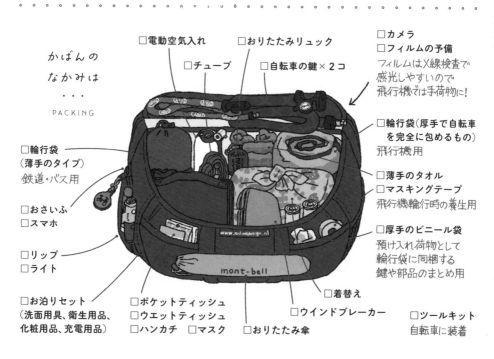

コラム
3

やってみよう 飛行機輪行

飛行機でも輪行できる

鉄道や船だけでは
なかなか行けない遠くの場所にも
自転車を連れて行ってみたい！
そんなときに選択肢に上がるのが
飛行機を使った輪行です。

飛行機輪行はハードルが高そうに感じますが
下準備さえしっかり行えば
案外手軽に利用することができます。

- ✓航空会社や空港あるいは路線ごとに
自転車持ち込みのルールは異なるため
事前によく調べる必要があります。

- ✓自転車は「預け入れ荷物」
つまり飛行機の貨物室に入れて
運搬されるためそれを踏まえた
梱包・仕分け作業が必要。

今回は私が国内線の飛行機を利用する際の
輪行手順を参考としてご紹介します。

❶ 下準備をする

まずは空港施設に入る前に輪行の下準備をします。自転車を分解またはおりたたんでしっかり養生・梱包しその上で輪行袋（あるいはハードケースなど）に収納します。

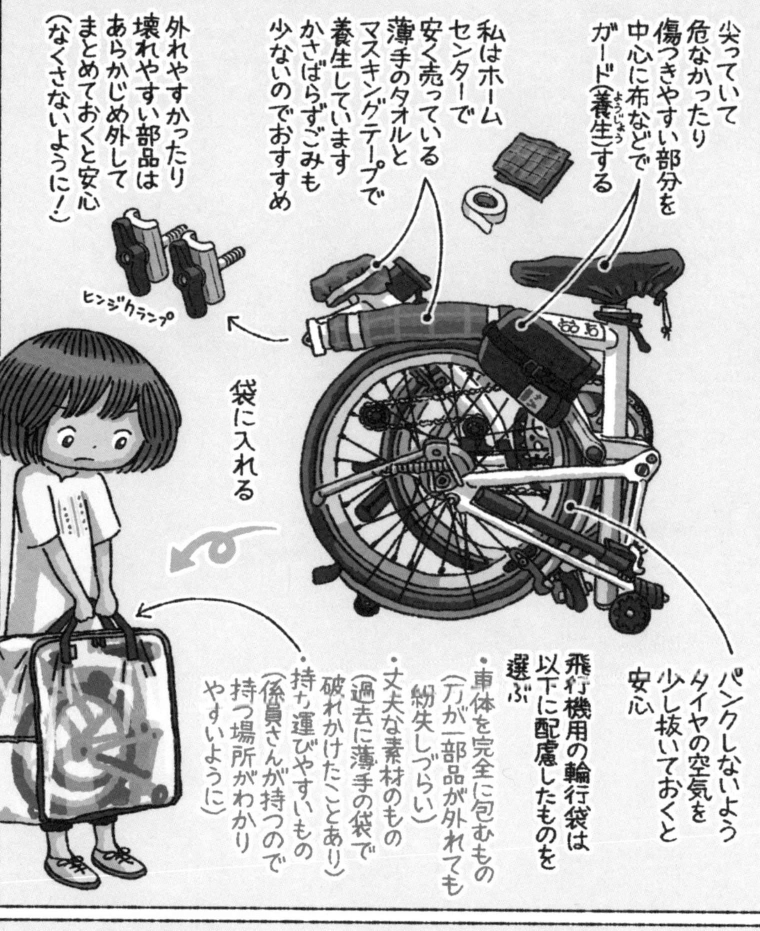

尖っていて危なかったり傷つきやすい部分を中心に布などでガード(養生《ようじょう》)する
私はホームセンターで安く売っている薄手のタオルとマスキングテープで養生していますかさばらずごみも少ないのでおすすめ
外れやすかったり壊れやすい部品はあらかじめ外してまとめておくと安心(なくさないように!)
ヒンジクランプ
袋に入れる
パンクしないようタイヤの空気を少し抜いておくと安心
飛行機用の輪行袋は以下に配慮したものを選ぶ
・車体を完全に包むもの(万が一部品が外れても紛失しづらい)
・丈夫な素材のもの(過去に薄手の袋で破れかけたことあり)
・持ち運びやすいもの(係員さんが持つので持つ場所がわかりやすいように)

❷ 荷物を仕分ける

旅行用品・自転車用品には預け入れ荷物にしなければいけないものと機内持ち込みしなければいけないものが混在しています。空港でチェックインする前に忘れずに仕分けます。

機内持ち込み品

リチウムイオン電池を使用したもの
- ✔充電式のライト
- ✔モバイルバッテリー

など

預け入れ品

凶器になりうるもの
- ✔自転車の工具・部品類
- ✔金属製の鍵
- ✔パンク修理用のゴムのり

など

部品
鍵
工具
自転車とセットにしておく

※預け入れ品の小物類は、ビニール袋などにまとめて自転車のフレームに縛っておきます

3
空港へ入る
自転車を梱包した状態で空港へ入ります。
沖縄/那覇 909 C 11
熊本 627 CE 13
岡山 233 B 3
福岡 315 B 9
スーツケース用のキャリーカートに載せられるので空港内の移動はとっても楽
4
チェックインする
利用する航空会社のチェックインカウンターで搭乗手続きをします。
航空会社のアプリを使えばスマホでできて便利。
東京 → 福岡
TOKYO FUKUOKA
便名 出発 到着
315 10:55 12:55
5
手荷物カウンターで自転車を預ける
有人の手荷物カウンターへ行き自転車を預けたいと伝えます。係員さんによって輪行袋の中身の安全確認が行われた後免責事項などの説明を受け書類に必要事項を記入します。
係員さんによって自転車であることを示すタグや、横置きの際の置き方の指示などが貼り付けされ、手続きは完了です。
預け入れ荷物としての自転車の運搬は基本的に免責、つまりキズがついたり壊れたりしても航空会社の補償はありません。梱包は自己責任でしっかり行います。
FUK
自転車
CHECKED
横に倒す場合はこちらの面が上
13.9 kg
こっちを上でお願いします

6
チェックインする
工具など機内持ち込みができないものを持ったままだと搭乗できないので注意。
7
搭乗する
あとは無事到着を祈るのみ…
8
自転車を受け取る
目的地の空港に到着したら手荷物受取り所(ベルトコンベアのある場所)で自転車を受け取ります。
係員さんが手渡ししてくれることが多いですがスーツケースなどと一緒にベルトコンベアから出てくることもあります
9
組み立てて点検・試走する
空港を出たら自転車を組み立てたうえで各部を点検・試走して問題なければ完了です。
・外した部品はすべて取り付ける
・タイヤの空気を規定まで入れる
・ゆるみがないかしっかり確認する
ヨシ
ヨシ

ピッ
ピピッ
ピピッ
ピピッ
SEIKO
AM
6:30
6:30
LIGHT
ON/OFF
ALARM
ピ
ブ〜ン
ブ〜ン
そうだ 朝食なし なんだっけ
ブ〜ン
ブ〜ン
さっと 身じたくを すませて
otel Sannom
モーニングを 食べに行こう
Short story
神戸・三宮
山の茶屋
モーニングのすすめ

出張で神戸のビジネスホテルに1泊した
ここを右らしい
神戸は山がとても近い街で
ホテルのある繁華街から自転車で10分も走れば
あっという間に山奥の風情になる
そしてこの先に早朝からやっている茶屋があるらしいのだ
ガタ
ガタ
危険
この付近には、イノシシが出没します。注意してください。

腕に伝わるコンクリート舗装の振動が普段より大きく感じる
ガタッ
ガタ
ガタッ
ダン
朝ごはん前の運動は妙に感覚が研ぎ澄まされる気がする
つまりおなかがすいたということ…
最後は階段を上り
コツ
コツ
燈籠茶屋
ふう
あった
ホテルから30分「燈籠《とうろう》茶屋」に到着

いらっしゃいませえ
やってて良かった
お待たせしました卵焼き定食です〜
わぁ〜っ!!♥
ホテルの朝食バイキングも良いけれど
卵がふわっふわ!
せっかくの旅先その土地でしか味わえない非日常での朝食というのもまた面白い
ガタガタゴトゴト
ガタガタダダン
ゲプ
おしまい

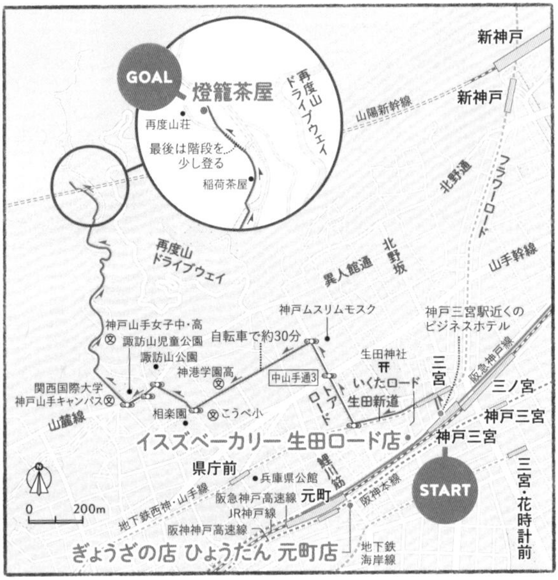

神戸

MAP

カメラ：LOMO スメナ8M
フィルム：コダック ColorPlus200

香川 高松市 片原町

東京 多摩市 奈良原公園

もえないもの
もえるもの

SUPER
印紙
切手
松本500
23216

長野 松本市 巾上《はばうえ》

大分 日田市 豆田町

mont bell

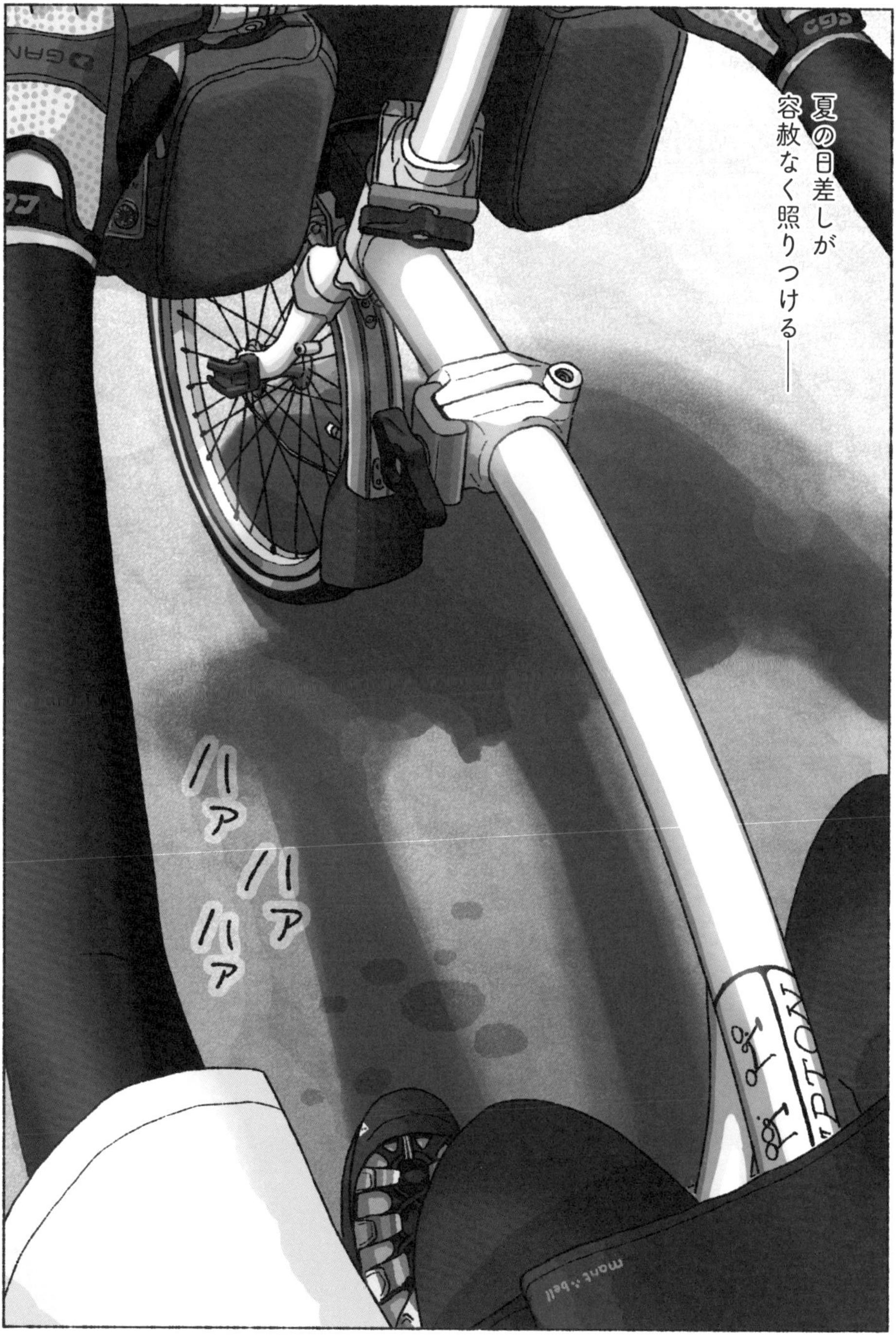
夏の日差しが
容赦なく照りつける――
ハァハァ
ハァハァ

さえぎる木々はない
森林限界を
とうに過ぎているからだ
SMITH
ハァ
ハァ
グビ
グビ
ガチャ

⑥ あこがれの頂へ

長野〜岐阜 —— 乗鞍岳

遡ること5時間
朝5時40分——
道
正面の山の上に
小さく道が
見えるだろう?
あの先が
山頂 畳平《たたみだいら》だよ
チュン
チュン
にしても
あんなところまで
登るなんてえらいなあ
それも自転車でなあ
こんな
朝から
見上げた根性だ!
山だけに
ハハッ
そう
私はまぎれもなく
この山を登りに来たのだ
To Mt.Norikura
バス乗り場
Highland Express
がんばれよー
無謀にも
自転車で——

乗鞍岳は
長野県松本市と岐阜県高山市にまたがる
北アルプス山系 標高3000m級の
山岳である
乗鞍岳《のりくらだけ》
Mt.Norikura
畳平《たたみだいら》
標高2702m
剣ヶ峰《けんがみね》
標高3026m
頂上の畳平までは
観光道路「乗鞍ライチョウルート」が
整備されている
また バスやタクシーを利用して
手軽に訪れることができるほか
自転車での登頂も可能である
乗鞍ライチョウルート
（乗鞍エコーライン・乗鞍スカイライン）
⊘マイカー通行不可
山頂畳平まで約20km
標高差 約1250m
乗鞍岳
長野県
岐阜県
東京都
東京から
乗鞍の玄関口
乗鞍観光センター
までは電車と
バスを乗り継ぎ
約5時間
近隣の温泉旅館で
前泊し早起きして
今に至る
乗鞍観光センター
乗鞍観光センター
標高1450m
現在地

標高約2700mという
雲よりも上の世界
そこを自転車で走るなんて
どんなに気持ちが
いいことだろう
そんなあこがれが
私を含めた
多くのサイクリストを
この乗鞍へと導くのだ
でも正直
あんなに
大きな山だとは
ちょっと想像
してなかったわ…
自転車で行ける日本最高標高!!
雲の上の天国

そしてさっそく登り坂！がーんだな
そりゃ当然だろうよ
たかが標高差1200m つまり1・2km登るだけ 気合いで行くぞー！
ギコ
ギコ
アブ
アブ
1時間ぐらい走ったかな…
6:50
!?
こんなに走ったのにまだ200mも登ってない…!?

私 すでに けっこう 限界 なんだ けど…
とりあえず 水飲もう
ふう…
チュン
チュン
ササー
県道 84 長野
(主)乗鞍岳線
松本市 三本滝
標高 1800m
朝の森林
なんて 清々しいんだろう…
チュン
チュン
景色を楽しみながら ゆっくりのんびり 行けるところまで 行こう
そう思うと 不思議と足取りも 軽くなる
長野県

しばらく進み森を抜けると一気に視界が開けた

すごーい！
意外と上まで
登ってきてる
え
バスはや！
いいな…
ブォオオン
気持ち
いいで
すね〜！
あっ
こんにちは！
そうですね
スイー
…私も
がんばら
ないと！
よーし
……
こんなときは
先人の教えにならって
ゼェ
ゼェ
ゼェ…
プ〇ッ
キュア
プ〇ッ
キュア
プー〇キューア
プー〇キューア
プー〇キューア！
プー〇キューア！
ハァっっ
ハァっ
アニソンで乗り切る

ゼーッ
ゼーッ
ゼーッ
ハッ
ハッ
ハッ
ハッ
ラスト1本…
塩
あめ
SUN

畳平まではあと標高差３５０ｍもうひと息だよ～ファイト！
ジャボジャボ…
位ヶ原山荘
位ヶ原山荘 2350M
カラカラカラカラ

はっ
ここって…!
まちがいない
ここは今朝
麓《ふもと》から見えた
あの道だ!
〃正面の山上に
小さく道が
見えるだろう〃
〃あの先が
畳平だよ——〃

乗鞍観光センターを
発っておよそ6時間――
かなり時間が
かかってしまったが
ついに山頂 畳平に到着
岐阜県
Gifu Pref.
やりとげたんだ
私…
長野県
Nagano Pref.
自分の力で
登ったからこそ
感動もひとしお
ですよね!
写真
撮りま
しょうか?
あっ
さっき
お会いした!
私 実は今回で
5回目なんですよ
乗鞍
夏のさわやかさも
秋の紅葉も
冬のスキーも
本当に飽きない山です
今日はさっき
あそこの
富士見岳《ふじみだけ》に
登ってきました
ハイ
撮りま
すよー
ひえー
タフ…!

さすが畳平には人がけっこういるね
いろいろ観光したいけどとりあえず今日泊まる宿にチェックインしておきたいな
肩の小屋？ここから歩いて30分くらいかかるかな
さすがに自転車じゃ行けないよ
山小屋だからね
自転車はあそこで預かってもらうといい
バスターミナルで手荷物預りサービスあり（有料）
いろいろありがとうございます
ちなみに防寒具は持ってる？
ウインドブレーカーとフリースがあります
只今の気温
16℃
乗鞍の自然を守りましょう
乗鞍美化の会
ズボンは？
厚手の靴下は持ってます…
長ズボンはあったほうがいいよご来光でしょ？朝は5度くらいまで下がることがあるから
ごらいこう…

そんなわけで 自転車本体と 鍵やヘルメットなどを預けて ここから歩いて宿へ向かうことに
長ズボンも 売店で 売ってたから 買っておいた
着替え・洗面用具・貴重品をおりたたみリュックに詰め替え
出発する前に おなかを満たしておこう
銀嶺荘
レストラン
2F レストラン
えっ…!?
階段を上がろうとして 猛烈な筋肉痛に気付く
2F 食堂 トイレ
ひ 飛騨牛カレー ひとつ…
はっ はい…
勢いで ここまで 来たけど この足の感じで もう30分 歩けるのかな 私…
心配は尽きなかったけれど とりあえず登り切った安堵感と疲労で そのまましばらく 眠ってしまったのだった
そうしている間に 通り雨が 降ったらしいが 全然気付かなかった

ザック
ザック
自分のペースで
無理せず ゆっくり
ザック
ザック

そうすれば
大変な道のりでも
いつか必ずたどり着く
畳平まで
登り切った経験が
自分をあと押ししてくれる
自信になっている
ザック
ザク
にしても
雨が降った
からか
めっきり人が
減って寂しいな
ボワァ・・・
下から
吹き上がる雲
夕方 雨上がりの山登りは
ひとり 雲の中を歩いているような
寂しくも神秘的な時間だった
富士見岳山頂

【乗鞍岳 肩の小屋】
ザック
ザック
こんにちはー
ガラガラ
談話室
おつかれさまでした〜
雨に降られませんでした?
なんとか…
……
……
あの… 予約していた星井です
あっ 私もお客さんなんです
えっ
すいません 宿の者です お待たせしまして

明日の日の出は4時半なので
3時半 いや 4時に出れば 充分間に合いますよ
ご来光
ご来光…?
ええ 剣《けん》ヶ《が》峰《みね》の 頂上から見る 日の出です
肩の小屋に泊まるなら ぜひ見ていただきたいですねぇ 感動ものですよ
さっき雨が降りましたが 明日は晴れる予報です
もしかすると 雲海も 期待できるかも
あ今日は 4組だけなんで 個室でゆったりしてくださいね
剣ヶ峰
あらそれは ラッキー!
ご来光かぁ…

あこがれの乗鞍へ 1日目

PHOTO GALLERY

かわいい車両

アルピコ交通 上高地線と
バスを乗り継いで
乗鞍観光センターへ

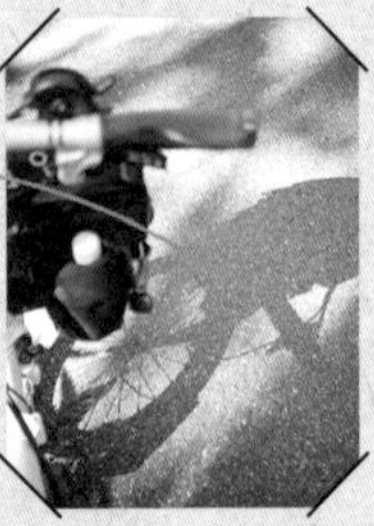

夏の朝の影は青い

無事山頂にたどり着けるのか…
不安でいっぱ
がんばらなくちゃ!

ハア
ハア
ハア

日陰で休みつつ少しずつ登る

お花がいっぱい
冬はスキー場になるらしいです

ハア
ハア
ハア

途中からは大半が押し歩きでした
最初から登山道歩いたほうが早かった説

大変な旅になりそうだったので
細かな設定がいらないカメラをチョイス

カメラ ：リコー オートハーフS
フィルム：フジフイルム
SUPERIA
PREMIUM 400

この旅のおとも

バテて動けなくなったり 水を飲み切ってしまったり
大変な思いをしつつも なんとか…

岐阜県
Gifu Pref.
高山市
Takayama City
畳平に到着!
おめでとう
おめでとう

ゼェ
ゼェ

今朝
麓から見えた
あの道だ!

雲の中を歩いているよう

肩の小屋へ続く登山道

デデーン

↑
不消ヶ《きえずが》池《いけ》
8月なのにまだ
雪が残っているなんて!

着いて
良かった…
山小屋で疲れをいやす

あとでひどい筋肉痛に
なりそう…
※なった

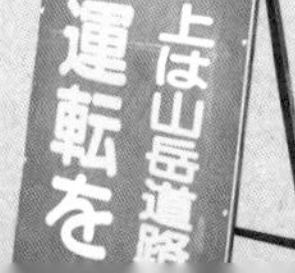
警告
これより上は山岳道路
安全運転を

※山小屋なので
お風呂はありません

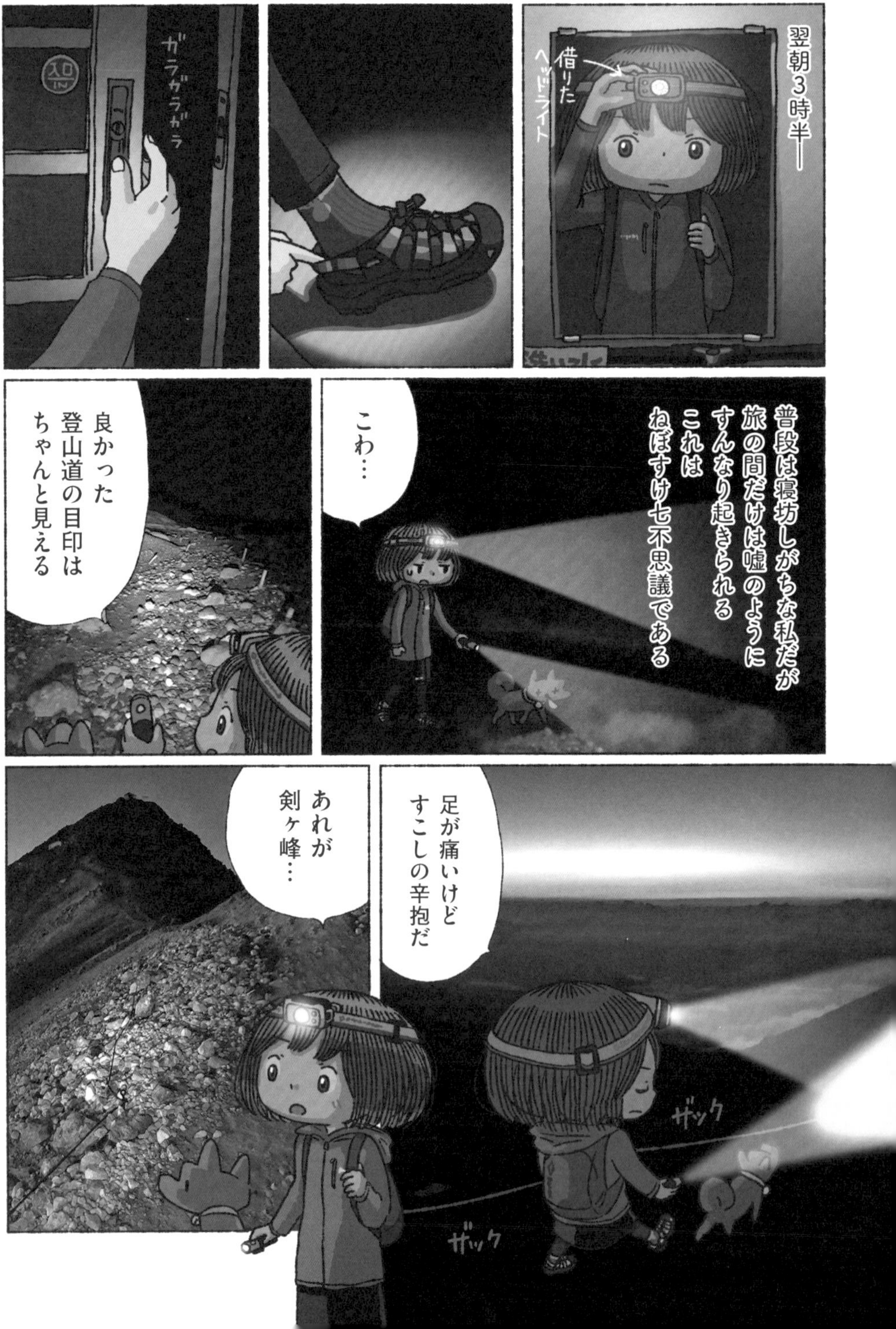

翌朝3時半――
借りたヘッドライト
ガラガラガラ
普段は寝坊しがちな私だが
旅の間だけは嘘のように
すんなり起きられる
これは
ねぼすけ七不思議である
こわ…
良かった
登山道の目印は
ちゃんと見える
足が痛いけど
すこしの辛抱だ
ザック
ザック
あれが
剣ヶ峰…

フゥ〜
夜明け前だと どこに人がいるかが ひと目でわかる
畳平方面から来る二人組
たぶん昨日一緒にチェックインした方
私は だいぶ早く 出発したらしい
ザッ
ザッ
ザッ
最後にすこし岩場がある
山頂だ！
最高峰 3026m！
とったどー！
適当な場所に座って日の出を待つことに
感動よりも 風の強さが 勝る

待つこと15分――

そして
浴びる太陽の光
私は人生ではじめて
太陽の光の温かさを
全身で感じ
しばらくその場で
目を閉じていたのだった

一点から
まばゆい光が
差し込んだと思うと
辺り一面雲の海
そしてそこに浮かぶ
アルプスの山々が
一気に眼前に
姿を現した
下りも無事でありますよう
絶景のあとの朝ごはんもまた格別というもの！
ご来光最高でしたよ！
よっしゃ！
肩の小屋

肩の小屋をあとにして
畳平に戻ってきた
SUN
自転車の回収ヨシ！
荷物も回収ヨシ！
0012
おトイレヨシ！
HEAVEN!!
有料トイレ
＜1人　100円＞
有料トイレの使用法
めっちゃ足痛い！
体中が筋肉痛だけど
まあヨシ！
乗鞍岳畳平
2702m
日本自動車道
最高地
というわけで
およそ半日ぶりの
自転車旅が
ここから再開だ

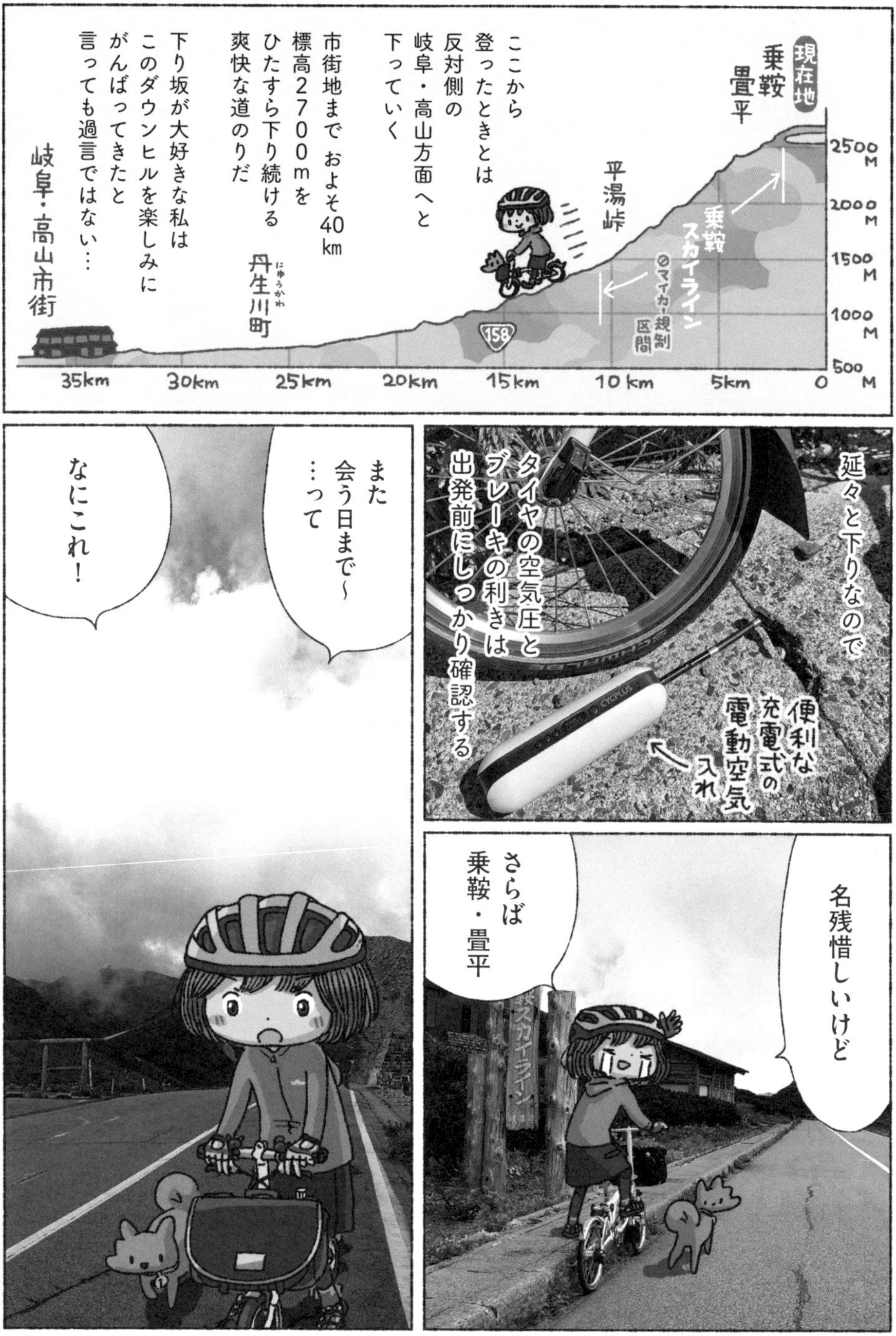
現在地
乗鞍
畳平
平湯峠
ここから
登ったときとは
反対側の
岐阜・高山方面へと
下っていく
乗鞍
スカイライン
◎マイカー規制
区間
158
市街地まで およそ40km
標高2700mを
ひたすら下り続ける
爽快な道のりだ
丹生川《にゅうかわ》町
下り坂が大好きな私は
このダウンヒルを楽しみに
がんばってきたと
言っても過言ではない…
岐阜・高山市街
2500 M
2000 M
1500 M
1000 M
500 M
35km
30km
25km
20km
15km
10 km
5km
0
延々と下りなので
タイヤの空気圧と
ブレーキの利きは
出発前にしっかり確認する
便利な
充電式の
電動空気
入れ
CYCPLUS
名残惜しいけど
さらば
乗鞍・畳平
スカイライン
また
会う日まで〜
…って
なにこれ！

こんな景色絵はがきでしか見たことない…！
日本じゃないみたいまさにスカイラインって感じだ
ダイナミックに流れる雲と…
雲の切れ間から差し込む光に照らされる道は
神々しささえあり
そしてはるか遠くまで続く山脈
下るのが楽しみだったのに今はそれがもったいない

わあ〜すばらしい眺望!
これは絵になるなあ
あそこにちょっと見えるのが乗鞍の最高峰剣ケ峰です
ほう
さっき登ってきました…
20年ほど前までこの道は夏になるとすごい渋滞だったんですよ
えー!信じられない
排気ガスや悪いマナーで高山植物や生きものに深刻な影響が出てしまい
マイカーの通行が規制されることになったんです
結果として訪れる人は減ってしまいましたが貴重な自然は守られたというわけですね
最近は自転車で乗鞍を走る人もどんどん増えていて新しい時代だなと感じますね
気持ち良さそうね
あ
えへへどや

このすばらしい自然も道も
多くの人の想いや尽力によって守られている
そう思うとよりいっそうの愛おしさを感じるのだ

雲上の楽園から
わずか1時間
ぐんぐんと下り
あっという間に
日常へと戻っていく
シャー
しかし私がこの山で感じた
感動や達成感は
容易には忘れられない
大切な思い出となるだろう
ん？
もわっ
うわ～
あっっ！
もわっ
そして山頂との気温差でも
いやおうなく日常に
引き戻されるのだった
森の水族館
1.7km先左折
只今の気温
33℃
おしまい

2日目

山頂でのご来光

まばゆい光と辺り一面の雲海!!

空が徐々に明るくなる

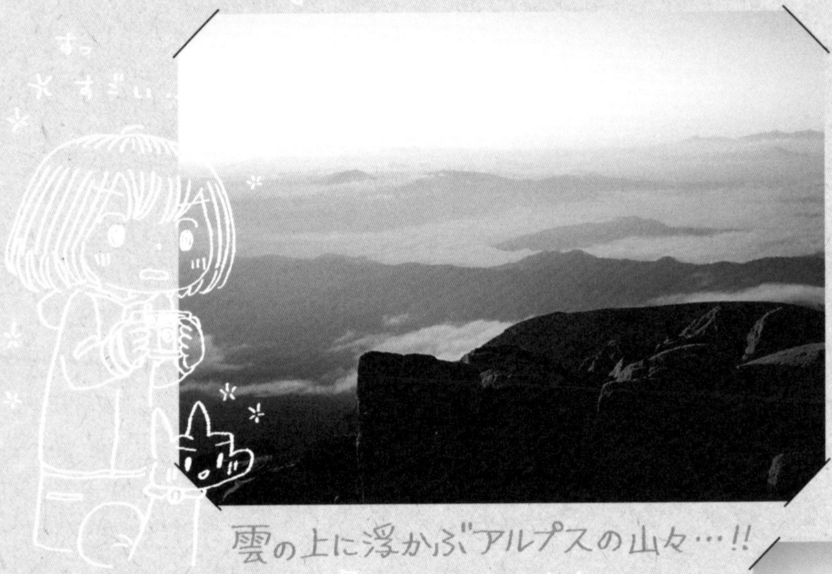

雲の上に浮かぶアルプスの山々…!!

みるみるうちに周囲が明るくなり 暖かくなる

記念に山頂でパシャリ

カメラ：リコー オートハーフS
フィルム：フジフイルム
SUPERIA
PREMIUM 400

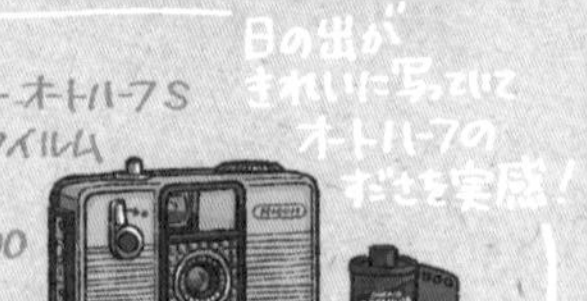

日の出がきれいに写っていてオートハーフのすごさを実感!

この旅のおとも

人がたくさん来る前の
静かな畳平も良い

乗鞍スカイラインを下る
NORIKURA SKYLINE

ひたすら4時間
ほぼペダルを使わず
下山…!!

安全第一でね

チョー気持ちいい!

お話は
エピローグへ続きます…

ぜひ飲んでみて

これがもう
感動的なおいしさ
だったんです!

下山途中で見つけた
わき水 長寿水

MAP&DATA

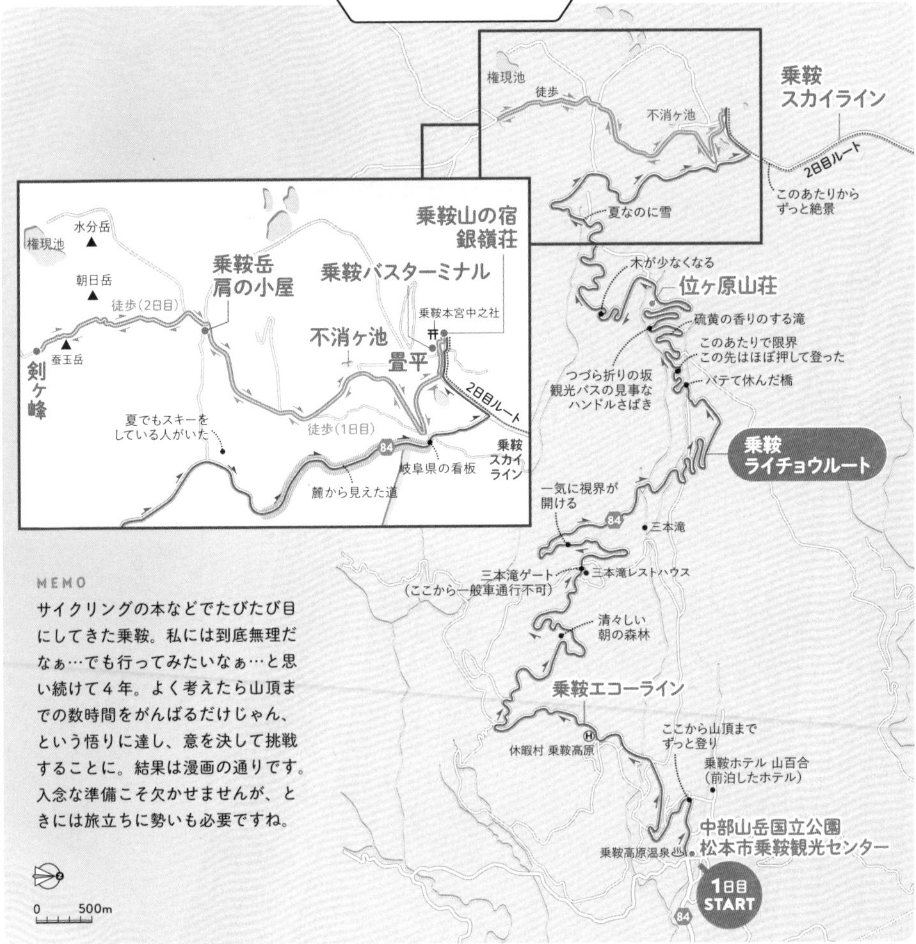

乗鞍
スカイライン
権現池
徒歩
不消ヶ池
2日目ルート
このあたりから
ずっと絶景
夏なのに雪
乗鞍山の宿
銀嶺荘
水分岳
権現池
朝日岳
乗鞍岳
肩の小屋
乗鞍バスターミナル
徒歩（2日目）
乗鞍本宮中之社
不消ヶ池
畳平
蚕玉岳
剣ヶ峰
2日目ルート
夏でもスキーを
している人がいた
徒歩（1日目）
84
岐阜県の看板
乗鞍
スカイ
ライン
麓から見えた道
木が少なくなる
位ヶ原山荘
硫黄の香りのする滝
このあたりで限界
この先はほぼ押して登った
つづら折りの坂
観光バスの見事な
ハンドルさばき
バテて休んだ橋
乗鞍
ライチョウルート
一気に視界が
開ける
84
三本滝
三本滝ゲート
（ここから一般車通行不可）
三本滝レストハウス
清々しい
朝の森林
乗鞍エコーライン
休暇村 乗鞍高原
ここから山頂まで
ずっと登り
乗鞍ホテル 山百合
（前泊したホテル）
中部山岳国立公園
松本市乗鞍観光センター
乗鞍高原温泉
1日目
START
84
0 500m

MEMO

サイクリングの本などでたびたび目にしてきた乗鞍。私には到底無理だなぁ…でも行ってみたいなぁ…と思い続けて４年。よく考えたら山頂までの数時間をがんばるだけじゃん、という悟りに達し、意を決して挑戦することに。結果は漫画の通りです。入念な準備こそ欠かせませんが、ときには旅立ちに勢いも必要ですね。

場所：	長野～岐阜・乗鞍岳　岐阜・飛騨一之宮
季節：	夏
天気：	晴れ一時雨
輪行：	あり
宿泊：	3泊4日
走った距離：	75.4km（1日目：21.0km 2日目：54.4km）
旅の大変度：	低 ← ☆☆☆☆★ → 高
旅の方向性：	文化系 ← ☆☆☆☆★ → 運動系
がんばった甲斐がある度：	低 ← ☆☆☆☆★ → 高

DATA

中部山岳国立公園 松本市乗鞍観光センター：
長野県松本市安曇乗鞍高原4306-5

位ヶ原山荘：長野県松本市安曇4306-7
（山荘所在地ではなく、郵便の届く住所）

乗鞍バスターミナル：岐阜県高山市丹生川町岩井谷1223

乗鞍山の宿 銀嶺荘：岐阜県高山市丹生川町岩井谷乗鞍岳畳平

乗鞍岳 肩の小屋：長野県松本市安曇乗鞍岳（乗鞍岳以外の山にも「肩の小屋」という名前の山小屋があるので、予約するときは間違えないよう注意）

飛騨高山 自家源泉の湯 臥龍の郷：岐阜県高山市一之宮町5525

民宿 みやけ荘：岐阜県高山市一之宮町340-1

MAP&DATA

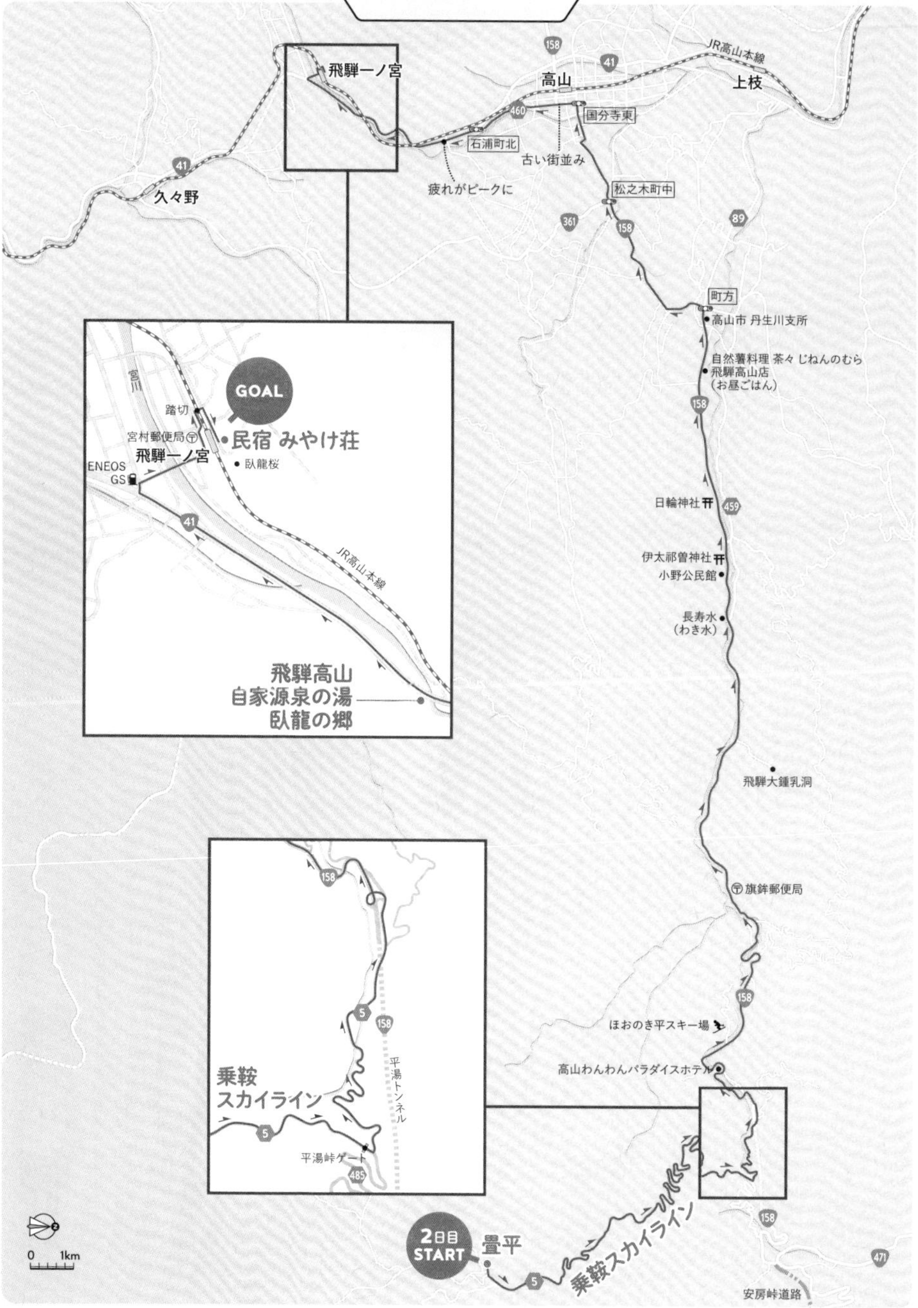
飛騨一ノ宮
高山
上枝
JR高山本線
国分寺東
石浦町北
古い街並み
疲れがピークに
久々野
松之木町中
町方
高山市 丹生川支所
自然薯料理 茶々じねんのむら
飛騨高山店
(お昼ごはん)
日輪神社
伊太祁曽神社
小野公民館
長寿水
(わき水)
飛騨大鍾乳洞
旗鉾郵便局
ほおのき平スキー場
高山わんわんパラダイスホテル
2日目
START
畳平
乗鞍スカイライン
安房峠道路
GOAL
民宿 みやけ荘
踏切
宮村郵便局
宮川
ENEOS
GS
臥龍桜
飛騨高山
自家源泉の湯
臥龍の郷
乗鞍
スカイライン
平湯トンネル
平湯峠ゲート
0 1km

こんな服装で行きました・・・

WEAR

ピカッ

□ヘルメット
ダウンヒル時や夕方の安全性を考えて後ろにライトをつけました

□水で濡らすと冷たくなるタオル
熱中症予防です
ラジオ通販でよくあるやつ

□サイクルジャージ
吸汗・速乾性に優れたサイクリング用のジャージ

□ラップショーツ
スカートに見えるショーツ

□レーサーパンツ（レーパン）
クッション付きでお尻が痛くなるのを防ぐパンツ
長距離を走るときはあったほうがいいです

□ウールの靴下
トレッキングのときの衝撃吸収と防寒にウールの靴下は有効らしいです

『おりたたみ自転車はじめました』を見てください

しまなみ海道を走ったときの服装を基本に夏の熱中症対策と山の気候に対応できるよう防寒着を追加しました

□アームカバー
日焼け防止用ですが涼しくて気持ちいい

□サイクルグローブ（夏用）

□かかと付きアウトドアサンダル
つま先やかかともしっかりカバーするタイプのサンダル
風が通るため自転車も快適で厚めのソールで軽いトレッキングもできるので今回の旅にはぴったりでした

衣類　着ていくものを含む

□サイクルジャージ×2
□ラップショーツ
□レーサーパンツ
□下着×2セット
□ウールの靴下
□アームカバー
□あったかインナー
□フリース
□ウインドブレーカー
□ウインドブレーカーパンツ
（現地購入）
□Tシャツ
□レギンス

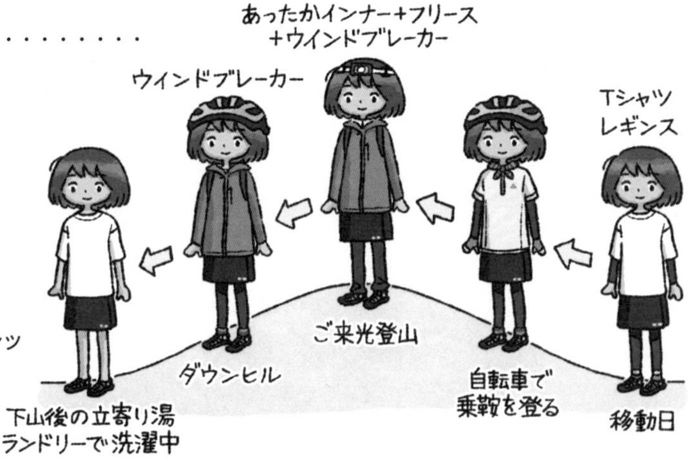

Tシャツ
レギンス
移動日
自転車で
乗鞍を登る
あったかインナー＋フリース
＋ウインドブレーカー
ご来光登山
ウインドブレーカー
ダウンヒル
下山後の立寄り湯
ランドリーで洗濯中

かばんの
なかみは
・・・
PACKING

18L
7cm
5cm

□おりたたみリュック
おりたたむと卵くらいの大きさになる超コンパクトなリュック
重さ30グラムで存在を感じないレベルながら耐久性もあり今回登山の時に大活躍しました

□飲み物
手で潰して小さくできるタイプのペットボトルがかさばらなくておすすめ

□自転車の鍵×2コ

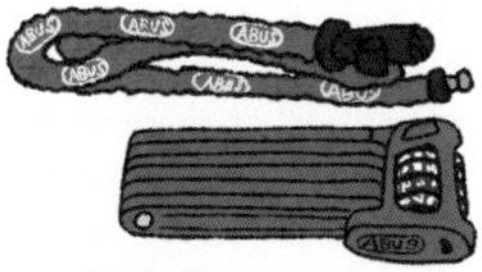
ABUS

7.00 BAR
ダダダ
ダダダ

□電動空気入れ
USBで充電するタイプ
簡単に適正な空気圧にできるので長旅のときは重宝しています
ただ音がうるさいので使う場所を選びます

□おさいふ
□スマホ

□カメラ
□フィルムの予備

□熊よけ鈴
自転車には熊よけ鈴をつけました
出るらしい…

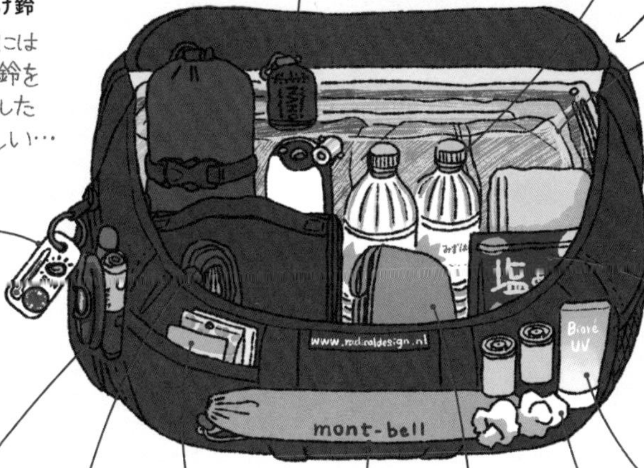
塩
Bioré UV
www.radicaldesign.nl
mont-bell

□衣類圧縮袋
□着替え
□タオル
今回衣類が多いので百均の衣類圧縮袋に入れてぺったんこに！
なかなか便利です

□温度計付きコンパス
熱中症予防のために買ったのですが山麓と山頂のあまりの気温差に驚くことになりました

□塩分タブレット
熱中症対策で買いましたがあっという間になめ終わった

□日焼け止め
山は日差しが強いので頻繁に塗りました

□リップ
□ライト
□リアライト

□チューブ
□ツールキット
ツールキットは自転車に収納
パンク時の対応用

□おりたたみ傘

□ポケットティッシュ
□ウエットティッシュ
□ハンカチ　□マスク

□ウインドブレーカー

□ビニール袋
ごみをまとめるため

お泊りセット　・・・・・・・・・

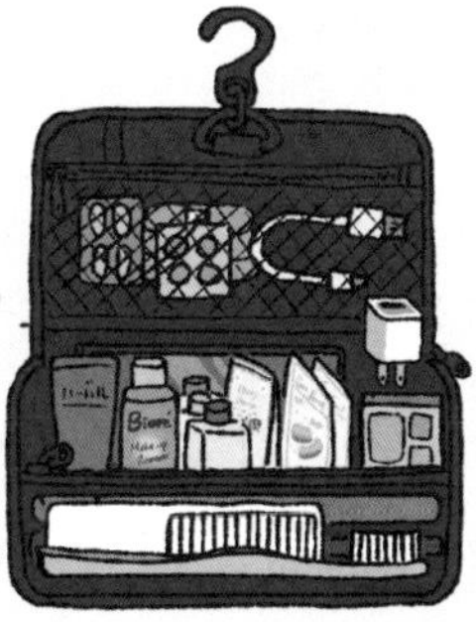

洗面用具
□美容液
□化粧落とし
□シャンプー・リンス
□ボディソープ　詰替容器に
□フェイスパック
□歯ブラシ

衛生用品
□薬
□ばんそうこう

充電用品
□USBケーブル
□充電器
昔のスマホの純正のやつ

化粧用品
□リキッドファンデーション
□アイカラー
□アイブローペンシル

道中にあった
コインランドリー併設の
立ち寄り温泉で
2日分の汗を流し
衣服も体もサッパリ!
生き返る
温泉
臥龍の郷
コインランドリー
FUJICOLOR

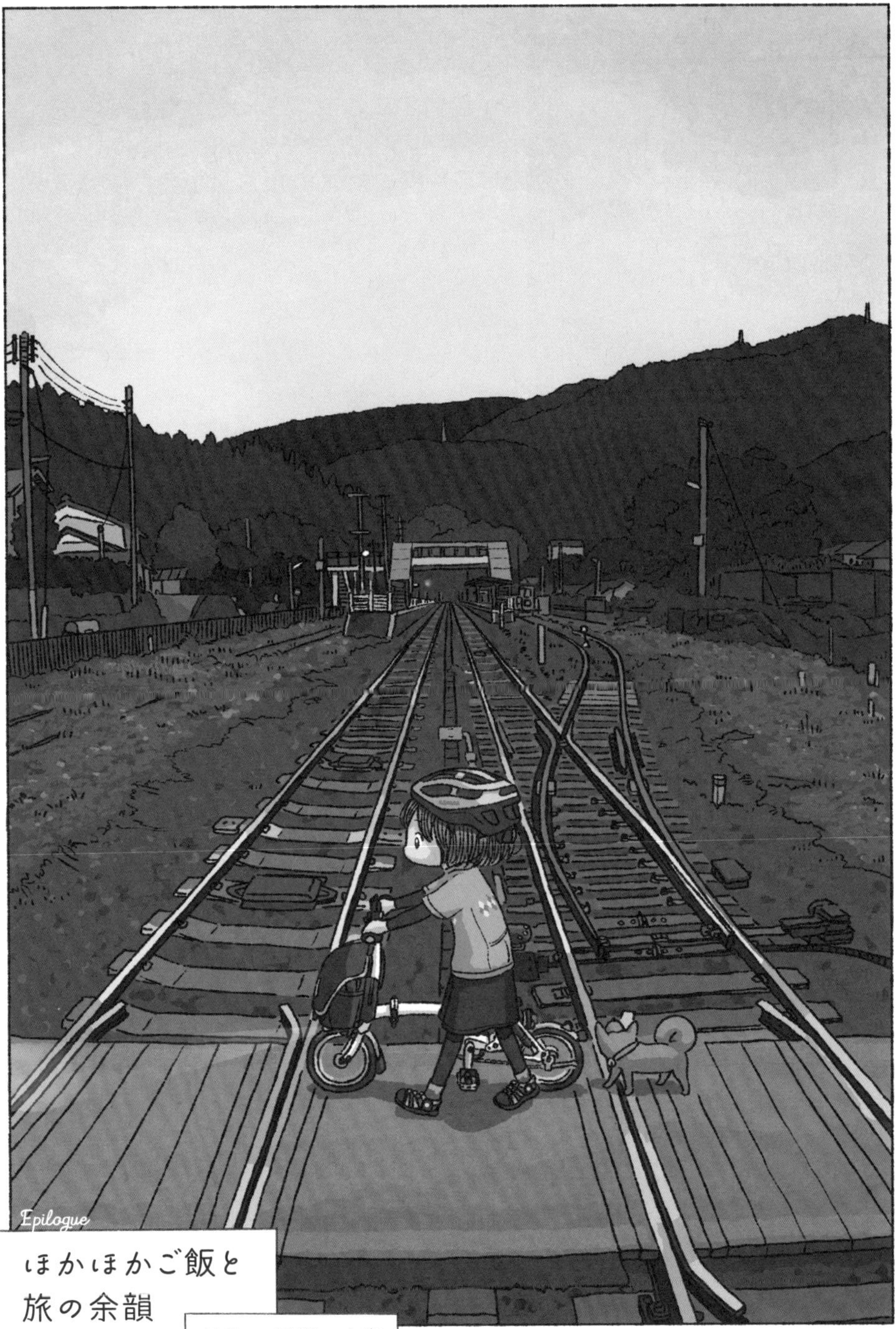

Epilogue

ほかほかご飯と旅の余韻

岐阜・飛騨一之宮

民宿
三宅荘
ここだ
あっ 今晩お世話になる星井といいます…
まあまあ！ 自転車で来られたの！

暑くて大変だったでしょう
カナカナカナ
カナカナカナカナ
お風呂入れますよ
じつはさっきあそこの立ち寄り湯に入ってきまして…
だったらすぐお夕飯にしましょうか
おなかすいたでしょう
キュ
はい！

まあ～
それじゃあ
松本から
これで!?
乗鞍を
越えて
きたの！
くるくる
はい…
とっても
大変
でした…
そうでしょう
うちにもときどき
レースの人が
来たりするけど
でも
今日は
景色
良かったん
じゃない
ええ！
まさに
雲の上の
天国って
感じでした！
フフフ

お待たせしました さあさ 召し上がって！
お野菜とお米は うちでとれたもの とれたてですよ
ご飯は 好きなだけ よそってね
カチャ
やった！
あら そうだ

これも良かったら
梅干しうちで漬けたの
運動のあとはクエン酸大事だから
生き返ります
お庭にいるのでご用があったら呼んでくださいね
はい

グツ
グツ
はふ
はふ
シャー
カカカン
カカカン
カカカン
カカカン
カカカン
カカカン
カカカン
ドトン
ドトン
ドトン

世界の
ドアが閉まります

ドルドルドルドルドル

ゴプッ
ゴプッ
フゥ〜〜〜
BROMPTON

やっぱり
旅は良いなあ
カナカナ
カナカナ
カナカナ
みやけ荘
おしまい

おわりに

このたびは『おりたたみ自転車と旅しています』をお読みくださり、ありがとうございました。

私の前作『おりたたみ自転車はじめました』はありがたいことに多くの反響をいただき、こうして今回の続編の刊行へと繋がりました。前作から応援してくださった皆さまも、この本をはじめて手に取ってくださった皆さまも本当にありがとうございます。

前作がおりたたみ自転車の入門編とすると、今作は実践編。私が10年以上楽しんできた「おりたたみ自転車との旅」の奥深い魅力を、自転車好きのみならず、多くの旅好きの皆さまに伝えられるように作りました。

さて、この本のカバーイラストが、どこの景色を描いたものかわかった方はいらっしゃるでしょうか？

正解は、大分県の耶馬渓へ向かう途中にある小さな集落です。有名な観光スポットではありませんが、自転車で旅していたときに通ったこの場所が不思議と印象に残っていて、橋から見た穏やかな景色と、そこに心地良く吹く暖かい春風が今でも鮮明に思い出されます。

自転車旅の魅力とは、そんな多くの人が見過ごしてしまうような日常の景色の良さを、全身で、五感で感じることができる点にあるのではないかと私は思っています。

鉄道や自動車ではあっという間に通り過ぎてしまう場所や、徒歩だけでは回ることができない広いエリアも、自転車なら丁度良い速度と身軽さで巡ることができます。その場所ならではの風やにおい、音を感じながら、景色に見とれたり、気になるお店にふらっと立ち寄ったり。

加えて、おりたたみ自転車には公共交通機関で気楽に持ち運べるという大きな利点もあります。これによって体力の有無に関係なく、行き先を全国どこへでも広げることができるのです。

本書では、食べ歩き、カメラ、社会科見学、雨、二人旅、ロングツーリング、登山などのテーマと共に、13編＋αの旅の記録を掲載しました。

本編では、私が旅先で感じた旅の情緒が伝わるよう、雰囲気を強調したイラストと実際の写真を組み合わせた全編フルカラーの構成としました。また、前作と同様、ルートの詳細や荷物の紹介を挟み、旅を具体的にイメージできるようにしました。そして、遠方へ行くときに必要になる飛行機輪行についても、私の経験をもとにできる限り詳しく解説しました。

本書を作り終えて、おりたたみ自転車は誰でも、どこへでも、気楽に自転車旅が楽しめる、かわいくて便利な良き相棒だと改めて感じています。「おりたたみ自転車と旅してみたいな」と思ったとき、この本がそのあと押しになれたなら、作者としてこれに勝る喜びはありません。

最後になりますが、今回の本もたくさんの方のご協力をいただいたうえでなんとか無事に完成させることができました。

掲載を許可してくださった各店舗・自転車メーカーの皆さま、制作作業にご協力いただいた皆さま、ありがとうございました。特に、私のこだわりを真摯に聞いて、実現へご尽力くださった編集の篠原さま、また前作に続き実作業を手伝ってくれたなっちゃん、応援してくれたつむちゃん、本当にありがとうございました。

世の中は先行きの見えない不安定な情勢が続いていますが、そうした中でも皆さまが日々の生活を楽しみ、健康で充実した毎日を過ごせることを祈っています。

この春はどこへ自転車旅に行こうかな…！

2023年　春

星井さえこ

おりたたみ自転車《じてんしゃ》と旅《たび》しています

2023年3月24日　初版発行
2023年6月25日　3版発行

著　者　星井《ほしい》 さえこ

発行者　山下 直久

発　行　株式会社KADOKAWA
〒102-8177　東京都千代田区富士見2-13-3
電話　0570-002-301（ナビダイヤル）

印刷所　大日本印刷株式会社

○お問い合わせ
https://www.kadokawa.co.jp/（「お問い合わせ」へお進みください）
※内容によっては、お答えできない場合があります。
※サポートは日本国内のみとさせていただきます。
※Japanese text only

定価はカバーに表示してあります。

ISBN 978-4-04-605576-7 C0095

多摩ニュータウン 蓮生寺公園 めがね橋